C.H.BECK  WISSEN

in der Beck'schen Reihe
2050

W0085738

Dieser Band informiert über die Ursachen der Bevölkerungs-explosion und die alarmierenden Bevölkerungsprognosen der Vereinten Nationen und internationaler Forschungsinstitute für das 21. Jahrhundert. Schwerpunkte sind die Tragfähigkeit der Erde, die dramatische Dynamik des Bevölkerungswachstums der Entwicklungsländer, auf die im 21. Jahrhundert 90% der Weltbevölkerung entfallen werden, und die Gründe der Bevölkerungsschrumpfung in Industrieländern wie Deutschland, einschließlich der Konsequenzen für die Wirtschaft, Gesellschaft und die globalen Umweltveränderungen. Darüber hinaus gibt der Band Einblick in die Geschichte der Weltbevölkerung und in die Geschichte der Bevölkerungstheorie.

Herwig Birg ist Professor für Bevölkerungswissenschaft und Geschäftsführender Direktor des Instituts für Bevölkerungsforschung und Sozialpolitik der Universität Bielefeld. Er ist Verfasser des Buches „World Population Projections. Theoretical Interpretations and Quantitative Simulations" (1995) sowie zahlreicher Beiträge zu Fragen der nationalen und internationalen Bevölkerungsentwicklung.

Herwig Birg

DIE WELTBEVÖLKERUNG

Dynamik und Gefahren

Stadtbibliothek
Berlin-Prenzlauer Berg

14,80
96
701

Dieses Buch wurde aus dem Bestand entfernt

Verlag C. H. Beck

Mit 15 Schaubildern und 2 Tabellen

Für Ursula, meine Frau

Die Deutsche Bibliothek – CIP-Einheitsaufnahme

Birg, Herwig
Die Weltbevölkerung: Dynamik und Gefahren/Herwig Birg. –
Orig.-Ausg. – München: Beck, 1996
   (Beck'sche Reihe; 2050: C. H. Beck Wissen)
   ISBN 3 406 41050 2
NE: GT

Originalausgabe
ISBN 3 406 41050 2

Umschlagentwurf von Uwe Göbel, München
© C. H. Beck'sche Verlagsbuchhandlung (Oscar Beck), München 1996
Gesamtherstellung: C. H. Beck'sche Buchdruckerei, Nördlingen
Gedruckt auf säurefreiem, alterungsbeständigem Papier
(hergestellt aus chlorfrei gebleichtem Zellstoff)
Printed in Germany

Inhalt

1. Einführung

Im Jahre 1950 lebten auf der Erde 2,5 Mrd. Menschen, gegenwärtig sind es 5,8 Mrd., und diese Zahl wird sich aus Gründen, deren Darstellung den Hauptgegenstand dieses Buches bildet, im Verlauf des 21. Jahrhunderts, also zu Lebzeiten der heutigen Kindergeneration, kontinuierlich auf 10 Mrd. oder mehr erhöhen. Liegt in diesem quantitativen Wachstum das entscheidende Problem? Quantitäten sagen selten alles, was es zu einem Thema zu wissen gibt. Die immer wieder ins Feld geführten großen Zahlen dienen meist sogar jenen, die sich ihrer besonders intensiv bedienen, in erster Linie nur als Symbole, um die eigentliche Bedeutung, die sie dem Thema „Weltbevölkerung" beimessen, zu unterstreichen. Worum geht es also eigentlich?

Die Weltbevölkerung bildet aus demographischer Sicht keine Einheit, sie setzt sich aus wachsenden, stagnierenden und schrumpfenden Populationen zusammen. Daher gibt es nicht *das* Weltbevölkerungsproblem, sondern zwei unterschiedliche Klassen von demographisch bedingten Problemen. Die Klasse der wachstumsbedingten Probleme betrifft die Entwicklungsländer, auf die heute 80%, aber schon in wenigen Jahrzehnten ein Anteil von 90% der Weltbevölkerung entfällt. Die Industrieländer sind geprägt durch die Probleme der Bevölkerungsstagnation oder – wie im Falle Deutschlands – schon durch die Probleme der Bevölkerungsschrumpfung. Die beiden demographischen Teilwelten sind durch internationale Wanderungsströme miteinander verknüpft. Deshalb könnte man die durch Wanderungsströme verursachten Probleme als eine dritte Klasse von Weltbevölkerungsproblemen gesondert betrachten.

Mit dem Problem der Bevölkerungsentwicklung und seiner Diskussion in Politik und Wissenschaft hatte es schon immer eine besondere Bewandtnis. Obwohl die aus dem globalen Bevölkerungswachstum resultierenden Bevölkerungsprobleme heute von aller Welt als die wichtigste Herausforderung der

Zukunft betrachtet, wenn nicht sogar als eine die existentiellen Lebensbedingungen der Menschheit bedrohende Gefahr eingestuft werden, gibt es auch ganz andere Auffassungen. Eine extreme Gegenposition beharrt darauf, daß es bei genauer Betrachtung überhaupt keine Bevölkerungsprobleme gäbe, sondern nur politische Probleme, weil die allenthalben als „Bevölkerungsprobleme" betrachteten gesellschaftlichen, sozialen, wirtschaftlichen, ökologischen und kulturellen Krisenerscheinungen in Wahrheit nicht oder nur mittelbar aus der Bevölkerungsentwicklung herrühren, sondern allesamt politisch bedingt seien, so daß sie auch nur durch Politik gelöst werden können.

Ob diese Position richtig ist, sei zunächst einmal dahingestellt. Um in die Problematik einzuführen, mag es hier genügen, von dem folgenden grundlegenden Sachverhalt auszugehen: Sämtliche Gesellschaften, Staaten und Kulturen der Geschichte, einschließlich ihrer je eigenen sozialen, politischen und kulturellen Probleme, also auch einschließlich ihrer wie auch immer bedingten „Bevölkerungsprobleme", waren stets von begrenzter Dauer, und dies dürfte auch für alle künftigen Gesellschaften gelten. Im Gegensatz zu diesen zeitlich begrenzten geschichtlichen Phänomenen stellt die menschliche Population und ihre Entwicklung im Verlauf des Evolutionsprozesses eine niemals unterbrochene, die verschiedenartigsten Kulturen und Staaten verbindende Basis dar – gleichsam ein biologisch-demographisches Kontinuum –, so daß man sagen kann, daß sich der geschichtliche Wandel, einschließlich seiner revolutionären Brüche und Diskontinuitäten, auf einem durchgehenden, biologisch-demographischen Fundament vollzieht, von dem dieser Wandel getragen wird.

Der Blick auf dieses biologisch-demographische Fundament und der Blick auf den Wandel und auf die Diskontinuitäten der historisch-gesellschaftlichen Phänomene sind selten in einer gemeinsamen Perspektive vereint, die Kluft zwischen den beiden Sichtweisen hat sich sogar immer mehr vertieft. Der Kontrast der Meinungen hinsichtlich der Frage, ob es Bevölkerungsprobleme oder nur politische Probleme gibt, ist eine der Folgen dieser unterschiedlichen Sichtweisen. Die Unvereinbarkeit der beiden Sichtweisen hat auch auf anderen Gebieten eine Reihe von Parallelen. Sie spiegelt sich z.B. in der aktuellen Diskussion über das schon aus der klassischen Philosophie stammende Leib-Seele-Problem: Der unüberbrückte Gegensatz zwischen Leib und Seele, zwischen Körper und Geist, wird in der heutigen Terminologie mit dem Begriffspaar Gehirn-Geist ausgedrückt und gegenwärtig zwischen Biologen, Hirnforschern und Philosophen heftig diskutiert. Die Gesprächsinitiative ging von den Hirnforschern und Biologen aus, die sich durch die atemberaubenden Fortschritte ihrer Disziplinen ermutigt fühlen, das Gehirn-Geist-Problem zu lösen. Die Lösung soll darin bestehen, die Phänomene Geist und Bewußtsein vollständig auf die von der biologischen Evolution hervorgebrachten, rein biologischen Funktionen des Gehirns zurückzuführen. Diese Versuche können und sollen hier nicht kommentiert werden. Sie erinnern aber an ein von Karl Jaspers für die Kennzeichnung einer überwunden geglaubten wissenschaftlichen Richtung aus der Zeit vor dem Zweiten Weltkrieg geprägtes Diktum: Damals galten alle Geisteskrankheiten als Gehirnkrankheiten.

Wenn man die aktuelle Diskussion über das Gehirn-Geist-Problem und über das mit ihm verwandte Problem der künstlichen Intelligenz verfolgt, sind Assoziationen an die materialistischen Strömungen in der Philosophie des 19. Jahrhunderts und an die ehemals dominierende biologische Sichtweise in der Bevölkerungswissenschaft fast unvermeidlich. Der biologische Zweig der Bevölkerungswissenschaft hat enge wissenschaftsgeschichtliche Verbindungen zur Biologie und zur Evolutionstheorie. Sie werden in diesem Buch dargestellt, weil ohne sie ein Verständnis der klassischen Bevölkerungstheorie und ihrer modernen Erscheinungsform als ökologischer Malthusianismus nicht möglich ist.

Auch in unserer Zeit gibt es wissenschaftliche Bestrebungen, sämtliche Formen menschlichen Handelns und Verhaltens, einschließlich der komplexen kulturellen Wertsysteme, auf denen sie beruhen, und einschließlich der persönlichen und allerpersönlichsten Gefühls- und Geistesphänomene, auf biologische Grundlagen zurückzuführen. Dabei geht es jedoch nicht etwa darum, die kulturellen Aspekte des menschlichen Verhaltens durch einen neuen, biologischen Aspekt zu erweitern, um beide in einer übergeordneten, realitätsgerechteren Sichtweise zu vereinigen. Das Ziel besteht vielmehr darin, Geistesphänomene wie kulturelle Werte ausschließlich mit biologischen Ansätzen zu erklären. Es besteht eine Analogie zwischen dem Ziel, Geist und Bewußtsein auf biologische Gehirnfunktionen zurückzuführen, und dem Ziel, die kulturelle Sphäre der menschlichen Wirklichkeit einschließlich der Phänomene der Sittlichkeit auf eine genetisch-biologische, materielle Basis zu reduzieren. Diese der materialistischen Philosophie verpflichteten wissenschaftlichen Ansätze stehen im Gegensatz zu den geistes- und sozialwissenschaftlich orientierten Ansätzen in der heutigen Bevölkerungswissenschaft. Zwischen den beiden wissenschaftlichen Richtungen gibt es leider so gut wie keine interdisziplinären Brücken.

Umso wichtiger ist es, die positiven Ausnahmen bezüglich der interdisziplinären Kommunikationslosigkeit hervorzuheben. Hierzu gehört das Buch des Humanbiologen Luca Cavalli-Sforza, dessen Zielsetzung im Untertitel ausgedrückt ist: „Verschieden und doch gleich – Ein Genetiker entzieht dem Rassismus die Grundlage" (1994). Cavalli-Sforza weist darin an Hand seiner Untersuchungen über die evolutionsbiologische Entwicklungsgeschichte der genetischen Erbsubstanz der Afrikaner, Asiaten und Europäer empirisch nach, daß die genetischen Unterschiede zwischen den Menschenrassen bisher weit überschätzt wurden, ja daß die genetischen Unterschiede bei den Individuen der *gleichen* menschlichen Population bzw. Rasse wesentlich größer sind als die genetischen Unterschiede *zwischen* den Populationen bzw. Rassen. Das Buch ist wichtig, weil es den Versuch unternimmt, eine Brücke zwischen den biologischen und sozialwissenschaftlichen Ansätzen in der Anthropologie zu schlagen und den biologischen Rassismus mit den Mitteln der Biologie zu widerlegen. Aber dieser Versuch offenbart auch, wie schwierig es ist, Thesen über *quali-*

tative Sachverhalte mit einer *quantitativen* Argumentationsweise zu beweisen.

Das zentrale Argument der Beweisführung besteht nämlich darin, daß die Unterschiede zwischen den quantitativ meßbaren Merkmalen der genetischen Beschaffenheit der Menschen in den verschiedenen Kontinenten außerordentlich klein sind. Um welche Größenordnungen es hier geht, zeigt sich daran, daß sogar die Unterschiede zwischen der genetischen Substanz von Menschen und Schimpansen sich im Bereich von wenigen Prozentpunkten bewegen. Aber was wäre, wenn Cavalli-Sforza in seinen empirischen Untersuchungen der menschlichen Erbsubstanz festgestellt hätte, daß nicht nur eine weitgehende genetische Gleichheit, sondern sogar eine hundertprozentige Gleichheit zwischen den Menschenrassen besteht? Dann wäre klar, daß die ja unbestreitbar existierenden Unterschiede zwischen den nicht-quantitativen, nicht biologisch-genetischen, sondern kulturellen bzw. geistigen Eigenschaften der einzelnen Menschen nicht mit den quantitativen Meßmethoden der Genetik erfaßbar sind, so daß mit diesen quantitativen Methoden Thesen über qualitative Inhalte weder bestätigt noch widerlegt werden können. So verdienstvoll dieser Versuch ist, den Rassismus mit empirisch-wissenschaftlichen Mitteln zu widerlegen, so liefert er doch gleichzeitig auch einen wichtigen Beleg dafür, daß sich das Phänomen Geist nicht auf Physisches, quantitativ Meßbares reduzieren läßt. Die Natur wird durch Naturwissenschaften wie die Biologie zwar immer mehr „entzaubert" (Max Weber), aber eben dadurch wird sie gleichzeitig immer unerklärlicher und zauberhafter. Dies gilt auch für die naturwissenschaftlichen Erklärungsversuche des Verhaltens der menschlichen Individuen und für die menschlichen Populationen als Teil der Natur. Diese persönliche Bemerkung erscheint mir in einem Buch, in dem Quantitäten eine so große Rolle spielen, wichtig.

Seit dem 18. Jahrhundert, als in Westeuropa die wissenschaftliche Erforschung des Themas Weltbevölkerung begann, erlagen die Gelehrten immer wieder der Faszination der mit diesem Thema verbundenen großen Zahlen und quantitativen

Fakten. Dabei spielte die Angst vor einer die Ernährungsmöglichkeiten der Erde übersteigenden Bevölkerungszahl eine wesentliche Rolle. Heute verfügt die Wissenschaft über genügend Belege, um zu zeigen, daß die natürliche Produktivkraft der Erde ausreicht, um sogar ein Vielfaches der heutigen Weltbevölkerung zu ernähren. Wenn doch Menschen hungern und Hungers sterben, liegt es nicht an der zu geringen Produktivkraft der Böden und Gewässer, sondern daran, daß die von den Naturgesetzen gebotenen Produktionspotentiale nicht oder schlecht genutzt werden und die Verteilung der Güter nicht der Verteilung des Bedarfs entspricht. Es liegt also nicht an der Unzulänglichkeit der Natur, sondern am Unvermögen des Menschen, wenn die natürlichen Möglichkeiten nicht ausgeschöpft werden.

Die Frage, warum dies so ist, verweist auf einen anderen Sinn des Begriffs „Bevölkerungsproblem": Wenn es Hunger gibt, weil Menschen es nicht eigentlich wollen, daß er beseitigt wird, haben wir es mit einem Unvermögen zu tun, dieses Wollen hervorzubringen, ein Unvermögen, das kulturbedingt ist und daher nicht der Natur angelastet werden darf. Wenn es dagegen für uns auf Grund unserer anthropologischen Beschaffenheit unmöglich wäre, den Hunger abzuschaffen, würde dies ein anderes, wahrscheinlich unabänderbares Unvermögen bedeuten. Durch Fragen dieser Art rühren die sogenannten Bevölkerungsprobleme an Grundfragen der Anthropologie, der Philosophie und der Religion, die das Selbstbild des Menschen prägen und damit aus ihrer jeweiligen Sicht zugleich Wesentliches über die Grenzen menschlichen Vermögens aussagen.

2. Menschliche Fortpflanzung und Bevölkerungswachstum in populationsbiologischer Perspektive

Aus evolutionsbiologischer Sicht ist das Weltbevölkerungswachstum ein normaler, keineswegs überraschender oder unerklärlicher Vorgang. Indem die biologische Evolution die Individuen einer Population nach ihrer Lebenstüchtigkeit selektiert, begünstigt sie gleichzeitig auch ihre Fortpflanzungschancen und Fortpflanzungsfähigkeiten – ihre sogenannte *Darwin-fitness.* Deshalb wächst im Verlauf des Evolutionsprozesses mit der Erhöhung der Lebens- und Überlebenstüchtigkeit der Individuen auch die zahlenmäßige Größe einer Population so lange, bis das Wachstum durch äußere Faktoren wie die Erhöhung der Mortalität auf Grund von Nahrungsmangel oder durch eine Verminderung der Fertilität, gemessen durch die Zahl der Nachkommen pro Individuum, oder durch beide Faktoren zum Stillstand kommt.

Die biologische Zeugungskraft der Lebewesen – die Zahl der biologisch-physiologisch maximal möglichen Nachkommen pro Individuum (= *Fekundität*) – ist meist wesentlich größer als die Zahl der tatsächlichen Nachkommen pro Individuum (= *Fertilität*). Käme die Fekundität einer Pflanzen- oder Tierart voll zum Zuge, so würden ihre Nachkommen in kurzer Zeit die gesamte Oberfläche des Planeten bedecken. Dies gilt auch für den Menschen. Hätten z.B. die heute lebenden 5,8 Mrd. Erdenbewohner auf Dauer pro Frau im Durchschnitt drei Kinder, die sich selbst fortpflanzen, so ergäbe sich schon nach 20 Generationen eine Bevölkerungszahl von 19286 Mrd. Pro Frau entfallen heute im Durchschnitt der Erdbevölkerung tatsächlich rd. drei Kinder. Daraus ergibt sich sofort, daß die Kinderzahl pro Frau in Zukunft rasch fallen muß, weil sonst die gesamte Oberfläche des Planeten schon nach wenigen Generationen nicht genug Platz für alle hätte.

Bis vor etwa drei Millionen Jahren entwickelten sich die tierischen und die Vorläufer der menschlichen Populationen in einem gemeinsamen Evolutionsprozeß. Nach Erkenntnissen der modernen Anthropologie war die biologische Entwicklung des Menschen vor etwa 100 000 Jahren abgeschlossen. Die Zahl der Hominiden in der Steinzeit vor 40 000 Jahren wird von einigen Autoren auf wenige Hunderttausend geschätzt (Bourgeois-Pichat 1980). Das demographische Standardwerk der Vereinten Nationen nennt Zahlen von 5 bis 10 Millionen (UN 1973). Die Gesamtzahl der Menschen, die jemals gelebt haben, wird auf etwa 80 Mrd. geschätzt (eigene Schätzung auf der Basis von Fucks 1950). Gehen wir von dem biblischen Sinnbild aus, daß die Menschheit am Anfang aus zwei Individuen bestand, so ergibt sich bei drei Nachkommen pro Frau im Verlauf von beispielsweise 100 000 Jahren – das sind etwa 4 000 Generationen – eine Bevölkerungszahl, die die heutige Zahl von 5,8 Mrd. und sogar die im obigen Rechenbeispiel ermittelte 14stellige Zahl noch um astronomische Größenordnungen übertrifft. Es müssen also sehr starke, das Populationswachstum begrenzende Faktoren wirksam gewesen sein, sonst hätte die Menschheit längst den auf dem Planeten vorhandenen Lebensraum ausgeschöpft.

In der Populationsbiologie werden drei wachstumsbegrenzende Faktoren unterschieden, die Begrenzung durch natürliche Umweltbedingungen wie Nahrungsvorkommen, die Begrenzung durch Konkurrenz zwischen Arten und die Begrenzung durch Konkurrenz zwischen den Individuen der gleichen Art. Von diesen drei Faktoren gilt seit der Begründung der modernen Evolutionstheorie durch Charles Darwin die Begrenzung zwischen den Individuen der gleichen Art als der für die menschliche Höherentwicklung weitaus wichtigste Regelmechanismus. Bei menschlichen Populationen greifen die drei Regelmechanismen auf kompliziertere Weise ineinander als bei Pflanzen und Tieren, weil der Mensch in den Wachstumsprozeß steuernd eingreifen kann. Der Nahrungsmittelspielraum stellt z.B. keine feste Wachstumsgrenze dar, die Grenze wurde und wird ständig hinausgeschoben, indem Anbauflächen vergrößert, Anbaumethoden verbessert und Pflanzen und Tiere durch Züchtung bzw. neuerdings durch die Gentechnik verändert werden.

Was die wachstumsbegrenzenden Umweltbedingungen wie die Nahrungsschranke betrifft, ist der Unterschied zu tierischen Populationen evident und in der Wissenschaft unstrittig. Aber beim wachstumsverstärkenden Faktor Fertilität scheiden sich die Geister. In der Biologie und in der biologischen Anthropologie wird die These vertreten, daß der naturhafte Fortpflanzungstrieb – der sogenannte „biologische Imperativ generativer Fitnessmaximierung" (H. Markl) – auch das Fortpflanzungsverhalten des Menschen bestimmt, und zwar (nach Ansicht einiger biologischer Anthropologen) auf eine so subtile und unentrinnbare Weise, daß wir uns nur einbilden, unser generatives Verhalten sei stark an kulturellen Werten orientiert, denn aus dieser Sicht sind auch die kulturellen Werte selbst letztlich ein Ergebnis des Evolutionsgeschehens, bei dessen Erklärung die biologische Anthropologie mit ausschließlich biologischen Kategorien zurechtzukommen glaubt. Die kulturell und religiös geprägten Formen des menschlichen Zusammenlebens, z.B. die rechtlich geregelte, institutionalisierte Form der Ehe, sind aus dieser Sicht ein Ergebnis des „biogenetischen Imperativs", dem der Mensch in seiner Fortpflanzung folgt, indem er (unbewußt) danach strebt, die Chancen für die Weitergabe seiner Gene zu maximieren.

Die unbestreitbare Tatsache, daß viele Tierarten die Zahl ihrer Nachkommen an die Tragfähigkeit ihres Habitats anpassen, also ihre Fertilität begrenzen, wenn z.B. die Nahrungsquellen nicht ausreichen, ist aus dieser Sicht kein Widerspruch zum Prinzip der Maximierung des Fortpflanzungserfolgs. Diese „reproduktive Selbstbeschränkung" (E. Voland 1992) wird in das Erklärungsschema integriert, indem beim Fortpflanzungserfolg zwischen einer quantitativen Komponente (Zahl der Nachkommen pro Individuum) und einer qualitativen Komponente (Qualität und Intensität bei der Fürsorge, Aufzucht und Ausbildung des Nachwuchses) unterschieden wird. Die reproduktive Selbstbeschränkung wird in dieser Interpretation von Tieren (und Menschen) immer dann praktiziert, wenn es für die Weitergabe der Gene günstiger ist, eine kleine, aber dafür im „Kampf ums Dasein" besser gerüstete Zahl von Nachkommen großzuziehen als eine große, von denen die meisten wegen ihrer geringeren Lebenstüchtigkeit nicht bis zum Erreichen der eigenen Fortpflanzungsfähigkeit überleben würden. In diesem Erklärungsschema ergibt sich dann auch aus der Tötung von Geborenen als Mittel zur Anpassung an die Lebensbedingungen des Habitats kein Widerspruch. Die Soziobiologie, die die Kosten-Nutzen-Bilanz der verschiedenen quantitativen und qualitativen Fortpflanzungsstrategien empirisch untersucht, hat zahlreiche Beispiele für die reproduktive Selbstbeschränkung im Dienste der Maximierung des Fortpflanzungserfolgs zusammengetragen. Sie interpretiert auch die reproduktive Selbstbeschränkung des Menschen mittels Geburtenkontrolle, durch Heiratsregeln und zahlreiche kulturelle Normen und Werte, einschließlich gesellschaftlicher Institutionen, aus diesem Blickwinkel.

Ist es möglich, sich irgendeine empirische Entdeckung, irgendeine Tatsache vorzustellen, die die These, daß auch das generative Verhalten des Menschen diesem biologischen Erklärungsschema entspricht, widerlegen könnte? Mir scheint, daß diese für die Interpretation der Wachstumsursachen menschlicher Populationen wichtige Frage mit Nein beantwortet werden muß. Aber nicht, weil es solche Tatsachen nicht gäbe, sondern weil dieser biologische Ansatz darauf angelegt ist, *jede* vorstellbare Tatsache auf biologische Weise zu interpretieren, so daß Thesen dieser Art gar nicht widerlegt werden können, selbst wenn sie falsch sind. Mit dieser Bemerkung sollen empirische Untersuchungen, die mit dem Ziel durchgeführt werden, qualitative kulturelle Phänomene mit einfachen quantitativen Analyseverfahren zu erklären, nicht kritisiert oder abgewertet werden. Ihre Fruchtbarkeit wurde oft unter Beweis gestellt, und wenn es mit diesen oft sehr einfachen Ansätzen gelingt, Irrtümer auszuräumen und vage theoretische Konstruktionen zu widerlegen, dann ist dies als ein beträchtlicher wissenschaftlicher Fortschritt anzusehen. Kritik ist jedoch angebracht, wenn empirisch-quantitative Ansätze zu weit über die Reichweite ihrer Erklärungen hinauszielen. Wenn im folgenden der Versuch gemacht wird, die Entstehung der menschlichen Kultur in der Evolutionsgeschichte des Menschen mit dem empirischen, in der Demographie verwendeten Grundbegriff der Lebenserwartung und ihrer Erhöhung im Zusammenhang zu betrachten (nicht auf ihn „zurückzuführen"), dann könnte dies vielleicht als ein solcher, die Reichweite empirischer Erklärungsansätze überschreitender Versuch aufgefaßt werden. Daß ein solcher Erklärungsversuch hier nicht angestrebt wird, dürfte sich aber wohl auf Grund der obigen Relativierungen von selbst verstehen.

Die durchschnittliche Lebenserwartung des Menschen in der evolutionsgeschichtlich späten, aber im Hinblick auf die frühen menschlichen Populationen wichtigen Periode der Steinzeit wird auf der Basis archäologischer Funde, insbesondere auf Grund der Untersuchungen der Reste menschlicher Skelette, auf etwa 20 Jahre geschätzt (UN (Hrsg.): The Determinants and Consequences of Population Trends, 1973). Dabei ist unter Lebenserwartung die mittlere Lebenserwartung zu verstehen, der Durchschnitt aus der Lebenserwartung der schon im Säuglings- und Kindesalter Gestorbenen und der der Erwachsenen, von denen ein mehr oder weniger großer Teil wahrscheinlich wesentlich älter als 20 Jahre wurde. Wie wir aus relativ zuverlässigen Daten wissen, blieb die Lebenserwartung in Europa bis zum 18. Jahrhundert niedrig, sie betrug im Mittel etwa 35 Jahre. Bis zum Ende des 19. Jahrhunderts war sie in Europa auf etwa 40 Jahre gestiegen. Erst seit dem Übergang zum 20. Jahrhundert nahm sie rasch zu, sie erreicht heute in den Industrieländern 74 Jahre bei Männern bzw. 81 Jahre bei Frauen, in den Entwicklungsländern 61 (Männer) bzw. 64 Jahre (Frauen). Der geschlechtsspezifische Unterschied beträgt bei der hohen Lebenserwartung heute fünf bis sechs Jahre; er ist in erster Linie genetisch bedingt. Die Körperzellen des weiblichen Organismus haben beim Menschen ebenso wie bei den meisten Tierarten eine größere Erneuerungsfähigkeit, gemessen an der durchschnittlichen Zahl der Zellteilungen bis zum Absterben der Zellen (Hayflick 1980).

Ein Zusammenhang zwischen der Entwicklung der Lebenserwartung und der Entwicklung der menschlichen Kulturfähigkeit ist aus folgenden Gründen wahrscheinlich. In der Anthropologie wird unter dem Begriff Kulturfähigkeit die Fähigkeit des Menschen zur nichtgenetischen, intergenerativen Weitergabe von Informationen verstanden. Die Summe aller Inhalte wird als „Kultur" bezeichnet. Indem eine steigende Lebenserwartung die von der Eltern- und Kindergeneration gemeinsam durchlebte Zeit vergrößert, begünstigt sie die intergenerationalen Vorgänge der Tradierung, deren wesentlichste Voraussetzung sie ist. Der Philosoph David Hume, gleichzeitig einer der wichtigsten Bevölkerungshistoriker des 18. Jahrhunderts, verwendete in diesem Zusammenhang das Beispiel der Generationenfolge bei Schmetterlingen. Hier ist die Überlappung der Lebenszeiten zwischen den Generationen gleich Null, denn zwischen zwei Generationen sind die Stadien der Raupe und der Puppe dazwischengeschaltet. In diesem Beispiel wäre eine intergenerationale Informationsweitergabe nur möglich zwischen einer Elterngeneration und den Nachkommen anderer Eltern. Übertragen auf menschliche Populationen bedeutet dies, daß das Zusammenleben in Verbänden, die aus mehreren Familien bestanden, die Informationsübertragung begünstigte, so daß von einer steigenden Lebenserwartung nicht nur die Tradierung von Informationen, sondern auch die Sozialisation der Individuen und damit die Bildung von sozialen Verbänden und Gesellschaften begünstigt wurde. Auf Grund dieser Überlegungen läßt sich an Hand des Merkmals Lebenserwartung folgendes Drei-Phasen-Modell bilden.

I. Vorgeschichtliche Phase (Steinzeit). Die Lebenserwartung ist mit etwa 20 Jahren außerordentlich niedrig. Entsprechend kurz ist die den Frauen zur Reproduktion verbleibende Lebenszeit, sie beträgt rd. 5 bis 8 Jahre. In dieser Zeitspanne werden pro Frau etwa 4 Kinder geboren. Die Säuglings- und

Kindersterblichkeit ist extrem hoch, im Durchschnitt überleben kaum mehr als zwei Kinder pro Frau bis zum Alter der eigenen Fortpflanzung. Die Bevölkerungszahl ist fast konstant oder wächst nur geringfügig. Sie nahm in Tausenden von Jahren so langsam zu, daß um Christi Geburt erst eine Zahl zwischen 200 und 400 Mio. erreicht wurde. Wegen des Faktors Mortalität bzw. Lebenserwartung sind die demographischen Bedingungen zur intergenerationalen Tradierung geistiger Entdeckungen ungünstig, die Kulturfähigkeit entwickelt sich in dieser Phase entsprechend langsam. Der wichtigste begrenzende Faktor des Bevölkerungswachstums ist in dieser Phase die hohe Mortalität.

II. Frühgeschichtliche und geschichtliche Phase bis zum Beginn der Neuzeit. In dieser Phase erhöht sich die Lebenserwartung von 20 auf 30 bis 35 Jahre. Die für die intergenerationale Tradierung von Kulturleistungen und Informationen verfügbare gemeinsame Lebenszeit der Eltern- und Kindergeneration erhöht sich von 5 auf 15 Jahre. Im Vergleich zu den Lebensbedingungen in der ersten Phase bedeutet dies eine Verdreifachung bis Vervierfachung. Die Kulturentwicklung beschleunigt sich. Entscheidende Entwicklungssprünge wurden durch die Metallbearbeitung, die Erfindung der Schrift, die Entwicklung des Handwerks, des Handels und der Arbeitsteilung möglich. Heute gelten als wichtigste Perioden der frühgeschichtlichen Kulturentwicklung die *„Agrarische Revolution"* (vor etwa 10 000 Jahren in Südwestasien) und die Stadtentwicklung in der *„Urbanen Revolution"* (ab 4 000 v. Chr. in Mesopotamien, in Theben, im Hindus-Tal und am Gelben Fluß in China, oder noch früher in Catal Hüyük in der Türkei um 6500 v. Chr.). Mit diesen kulturellen Entwicklungssprüngen war ein starker Anstieg der Wachstumsrate der Bevölkerung verbunden. Die prozentuale jährliche Wachstumsrate stieg von extrem niedrigen Werten um 0,01% pro Jahr auf Werte um 0,09%, d.h. um das rund Zehnfache (R. Freeman u. B. Berelson 1974). Trotz der Zunahme der Wachstumsraten ist es eine poetische Übertreibung, wenn von der „ersten Bevölkerungsexplosion" in der Geschichte gesprochen wird, denn eine Bevölkerung, die mit 0,09% pro Jahr wächst, braucht zur Verdopplung 800 Jahre! Die Wachstumsrate von 0,09% ist allerdings nur der Durchschnitt für einen jahrhundertelangen Zeitraum, in dem sich Abschnitte rascheren Wachstums mit Stagnations- und Bevölkerungsschrumpfungsphasen abwechselten.

Im ersten Jahrtausend nach Christi war die Bevölkerungszahl mit 200–400 Mio. praktisch konstant. Im Mittelalter führten die Pest und andere Seuchen in vielen Landstrichen Europas zu Bevölkerungsrückgängen von 30–60%. Heute wird die Weltbevölkerungszahl für das Jahr 1650 auf etwa 470–545 Mio. geschätzt. Diese Zahl ist zwar nicht hoch, aber im Vergleich zur steinzeitlichen Periode bedeutet sie einen Anstieg um den Faktor 20 bis 100. Das Wachstum war verbunden mit einer räumlichen Konzentration auf Siedlungen. Daraus ergaben sich – neben dem Faktor Mortalität – zusätzliche Wachstumsbarrieren auf Grund von knapp werdenden Subsistenzmitteln in der Nähe der Siedlungen.

III. Phase der Kulturentwicklung in der Moderne. Im Vergleich zu den ersten beiden Phasen umfaßt diese Phase einen extrem kurzen Zeitraum. Allerdings läßt sich auch schon das vor uns liegende 21. Jahrhundert gedanklich dieser Phase zuordnen, weil die weitere Entwicklung der Lebenserwartung, die dieser Phaseneinteilung zugrunde liegt, bereits absehbar ist. Bei der heutigen Lebenserwartung von 75 Jahren und mehr in den Industrieländern werden die meisten Menschen nicht nur Eltern, sondern auch Großeltern, in zunehmendem Maße auch Urgroßeltern. Die von den verschiedenen Generationen gemeinsam durchlebbare Zeit hat sich dadurch im Übergang von der zweiten zur dritten Phase nochmals stark erhöht, und weitere Erhöhungen sind möglich, ja wahrscheinlich. Die von Demographen, Gerontologen und Gesundheitswissenschaftlern diskutierten Szenarien mit einer Lebenserwartung von über 84 Jahren (Männer) bzw. 90 Jahren (Frauen) sind keine Spekulationen, sie beruhen auf relativ moderaten Annahmen über die auch künftig zu erwartenden Fortschritte der Medizin und der allgemeinen Lebensbedingungen.

Allerdings kann man heute nicht mehr sagen, daß die weitere Entwicklung der menschlichen Kultur von der durch die steigende Lebenserwartung begünstigten intergenerationalen Tradierung von Informationen ebenso stark gefördert wird wie in den ersten beiden Phasen. Die entscheidende Rolle haben heute die elektronischen Kommunikationstechniken übernommen. Deren weitere Entwicklung wird die menschliche Kultur wahrscheinlich stärker revolutionieren als jemals zuvor in der gesamten Menschheitsgeschichte.

3. Elemente der klassischen Bevölkerungstheorie und die Bürde des Malthusianismus

Um bei der Diskussion des Themas Weltbevölkerung auf der Höhe unserer Zeit zu sein, führt kein Weg daran vorbei, von den Photographien der Erde, die Astronauten aus dem Weltraum aufgenommen haben, eine Brücke zu schlagen zu den alten Vorstellungen, die sich die Gelehrten des 18. Jahrhunderts über unsere „Erd- und Wasserkugel" bildeten. Denn die Fragen nach der Tragfähigkeit der Erde bzw. nach den Formen eines „nachhaltigen Wachstums", die uns heute bewegen, standen schon am Beginn der Bevölkerungswissenschaft im Zentrum des Interesses, und wir knüpfen heute nach einer etwa 200jährigen Unterbrechung sozusagen nur wieder an der Stelle an, an der die Klassiker der Bevölkerungswissenschaft, der vor allem Preuße J. P. Süßmilch und der Engländer Th. R. Malthus, mit ihren Überlegungen angelangt waren.

Der Begriff „Tragfähigkeit" ist eines der zentralen Themen in Süßmilchs Hauptwerk aus dem Jahr 1741, *Die göttliche Ordnung in den Veränderungen des menschlichen Geschlechts, aus der Geburt, Tod und Fortpflanzung desselben erwiesen.* Auch in Malthus' *Bevölkerungsgesetz (The Principle of Population)*, das 1798 erschien, geht es um die Frage, wieviel Menschen die Erde tragen kann. Erst seit den 70er Jahren unseres Jahrhunderts rückten diese Fragen im Zusammenhang mit den Befürchtungen über eine Erschöpfung der Rohstoffe oder der Nahrungsquellen wieder in das allgemeine Bewußtsein, wobei die Ressourcenfrage seit den 80er Jahren mehr und mehr durch die Umweltprobleme – die Gefahr einer irreversiblen Schädigung der natürlichen Ökosysteme – verdrängt wird.

Dabei ist den meisten Umwelt- und Bevölkerungsprozessen gemeinsam, daß sie graduelle Veränderungen bewirken, die wegen ihrer Langsamkeit die Wahrnehmungsschwellen des Problembewußtseins unterlaufen und zur Gewöhnung an Zustände führen, die sonst kaum toleriert würden. Ein Beispiel sind die Lebensbedingungen im heutigen Rußland. Die Lebenserwartung sank dort seit den 60er Jahren kontinuierlich, ohne daß dies besonders registriert wurde. Die Verschlechterung hat ein solches Ausmaß erreicht, daß die Lebenserwartung der Männer inzwischen um sechs Jahre niedriger ist als beispielsweise in dem Entwicklungsland Mexiko (62 bzw. 68 Jahre). Hinzu kommt, daß sich die Schädigungen nicht immer dort auswirken, wo sie entstehen. So bildet sich z. B. in Deutschland (ähnlich wie in anderen Industrieländern) durch die Verbrennung fossiler Energieträger eine so große Menge an Kohlendioxid, daß dieses Treibhausgas jedes Jahr auf der gesamten Fläche des Landes eine zwei Meter dicke Schicht bilden und darunter alles Leben ersticken würde, wenn es sich nicht durch Wind und Wetter in der Atmosphäre verteilte. Da es auf Grund des graduellen Charakters dieser Schädigungen unmöglich ist, eine objektive Grenze zwischen umweltneutralen oder gerade noch tolerierbaren und nicht mehr hinnehmbaren Schädigungen festzulegen, wird die Suche nach einer allgemein verbindlichen Definition des heute vieldiskutierten Begriffs der „nachhaltigen", d.h. Ökonomie und Ökologie versöhnenden Entwicklung vergeblich bleiben. Das gleiche gilt für den Begriff der Tragfähigkeit. Trotzdem überrascht es, wie stark sich die Aussagen der beiden Klassiker über die maximale demographische Tragfähigkeit der Erde unterscheiden.

Das Ergebnis der Süßmilchschen Berechnungen stimmt mit den Bevölkerungsprojektionen unserer Zeit überein: Im Verlauf des nächsten und übernächsten Jahrhunderts kann bzw. wird die Weltbevölkerung auf mindestens 8 Milliarden wachsen, wobei die Obergrenze weit weniger sicher angegeben werden kann, aber auch hier stimmt die Süßmilchsche Schätzung mit den modernen Berechnungen erstaunlich gut überein: Sie könnte bei etwa 13 Milliarden liegen. Als Süßmilch diese Zahlen veröffentlichte, lebten auf der Erde erst etwa 800 Millionen Menschen, er schätzte also das Wachstumspotential auf das Zehn- bis Sechzehnfache – eine für die damalige Zeit ungeheuerliche Aussage, die auf viel Widerspruch stieß. Malthus kam zu einem völlig anderen Resultat. Für ihn war die Erde mit etwa einer Milliarde Menschen, die zum Zeitpunkt der Veröffentlichung des „Bevölkerungsgesetzes" lebten, bereits übervölkert. Die Kernthese seiner Bevölkerungstheorie war, daß gesellschaftlicher Fortschritt, wie er in der Französischen Revolution propagiert wurde, aus demographischen Gründen unmöglich sei. Das Bevölkerungswachstum, das als Folge solcher gesellschaftlicher Veränderungen zu erwarten war, müsse auf Grund der „naturgesetzlichen" Mechanismen des „Bevölkerungsgesetzes" zwangsläufig zum Zusammenbruch des Staates und zum moralischen Ruin der Gesellschaft führen.

Wenn wir unterstellen, daß es grundsätzlich möglich sein könnte, daß eine Bevölkerungstheorie entwickelt wird, die die Wirklichkeit zutreffend beschreibt und das Beschriebene richtig erklärt, dann ist eine solche Theorie – ob von ihrem Urheber beabsichtigt oder nicht, stets viel mehr als eine demographische Theorie i.e.S. Sie bietet dann nicht nur Aussagen über die Entwicklung der Geborenen und der Gestorbenen und über das Wachstum der Bevölkerung, sondern antwortet direkt oder indirekt auf viel wesentlichere Fragen, die jenseits der Demographie liegen, und zwar unabhängig davon, ob diese Fragen den demographischen Berechnungen zugrunde lagen. Man könnte dies den Bedeutungsüberschuß der Demographie nennen. Der Bedeutungsüberschuß demographischer Berechnungsergebnisse ist etwas Unvermeidliches, er beruht auf der außerordentlichen Tragweite, die selbst die einfachsten Aussagen über demographische Fakten haben. Wer z.B. feststellt, daß in einem bestimmten Land zu einer bestimmten Zeit eine bestimmte Zahl von Menschen geboren wurde oder starb, legt mit dieser Tatsachenfeststellung den Grund für die Frage, warum es gerade so viele waren und welche Konsequenzen sich daraus ergeben, bis hin zur Frage nach der Beeinflußbarkeit und Gestaltbarkeit der Bevölkerungsvorgänge durch Politik.

Der Bedeutungsüberschuß demographischer Fakten wurde von den Klassikern der Demographie nicht nur als etwas Unvermeidliches hingenommen, sondern als Chance für den

Entwurf von Theorien von einer außerordentlichen Tragweite genutzt. Die Größe dieser Theorien liegt darin, daß es bei ihnen eine vollkommene Entsprechung zwischen der Tragweite ihrer demographischen Aussagen und der Reichweite ihrer theoretischen Reflexionen und Interpretationen gibt. Süßmilch stellt den ins Metaphysische reichenden Bedeutungsgehalt bevölkerungsstatistischer Befunde in den Dienst des ehrgeizigen Projekts, die Existenz Gottes mit den wissenschaftlichen Mitteln der Demographie unwiderleglich zu beweisen. Auch für Malthus ist das „Bevölkerungsgesetz" nur ein Instrument für das wesentlich weiter gesteckte Ziel, den Beweis für die Unmöglichkeit gesellschaftlichen Fortschritts überhaupt zu liefern.

Um zu verstehen, von welch unmittelbarer Bedeutung diese klassischen Theorien für unsere heutigen Probleme und für die Lösung der bevölkerungsbedingten Zukunftsprobleme sind, muß man sich vergegenwärtigen, daß die miteinander unvereinbaren theoretischen Konzepte von Süßmilch und Malthus einen gemeinsamen Nenner haben: Ausgangspunkt ist die philosophisch-religiöse Frage nach dem Warum der bevölkerungsbedingten Probleme, nach dem Grund menschlichen Leids überhaupt, das aus religiöser, aber auch aus philosophischer Sicht im Widerspruch zur Existenz Gottes steht. Im 18. Jahrhundert kam jeder wissenschaftlichen Entdeckung noch automatisch eine parallele Bedeutung als ein Argument in einem Beweisverfahren für oder wider die Existenz Gottes zu. Wenn Gott existierte, war er allmächtig, aber warum ließ er dann zu, daß die Menschen als Individuen sinnlos erscheinendes Leid ertragen mußten und die Völker den Greueln der Kriege und dem Unheil von Hungersnöten und Seuchen ausgesetzt waren?

Dieses mit dem Begriff Theodizee bezeichnete Problem stand bis zum Ende des 18. Jahrhunderts hinter den zentralen wissenschaftlichen und philosophischen Streitfragen, und dies gilt in besonderer Weise für die beiden klassischen Bevölkerungslehren. In den heutigen Lehrbüchern der Demographie spielt die Theodizee keine sichtbare Rolle mehr, jedenfalls scheint dies so, wenn man die Bücher oberflächlich liest und den Inhalt zwischen den Zeilen außer acht läßt. Zu den wenigen Ausnahmen, die den metaphysischen Gehalt der Demographie offen thematisieren, gehört die Bevölkerungstheorie von Julian Simon. Im Bewußtsein des metaphysischen Bedeutungsüberschusses der demographischen Tatbestände kommt Simon zu dem Schluß, daß es nie genug Menschen geben könne: „Was heißt das, Sympathie für den Gedanken an mehr Menschen? Für mich bedeutet es, daß es mir nichts ausmacht, wenn in den Städten, in denen ich lebe oder mich aufhalte, mehr Menschen sind, mehr Kinder zur Schule gehen oder im Park spielen. Noch mehr gefiele es mir, wenn es mehr Städte gäbe und mehr Leute in jetzt unbesiedelten Gebieten lebten, wenn es sogar noch einen Planeten wie den unseren gäbe. Ich glaube, daß mehr Menschen ein Wert sind, ein besonderer Wert im besten Geist unserer jüdisch-christlichen Kultur, der unsere moderne westliche Moralität soviel verdankt. Biblisch ausgedrückt: Seid fruchtbar und mehret euch. Es fügt sich auch in den Geist und die Logik der utilitaristischen Philosophen, angefangen von Jeremy Bentham, dessen Denken so sehr unsere Rechts- und Sozialphilosophie sowie nicht zuletzt unsere moderne Wissenschaftstheorie beeinflußt hat" (J. Simon 1981).

Eine der Grundthesen Simons ist, daß die Wahrscheinlichkeit innovativer Lösungen der bevölkerungsbedingten Probleme in dem Maße steigt, wie der demographische Problemdruck zunimmt. Meine Kritik an dieser Theorie möchte ich in vier Punkten zusammenfassen: (1) Aus der Grundaussage, derzufolge die Fortschritte der Menschheit immer im Kampf gegen Probleme errungen wurden, kann *nicht* gefolgert werden, daß aus *allen* Problemen *immer* Fortschritte resultieren. Gerade die bevölkerungsbedingten Probleme widerlegen eine solche Schlußfolgerung. Die Tragfähigkeit der Erde ist begrenzt wie die einer Brücke; wenn eine Brücke lange getragen hat, beweist das nicht, daß sie *allen* Lasten gewachsen ist, sie bricht meist plötzlich zusammen. (2) Die Epoche, für die Simons Theorie am ehesten zutraf, ist Vergangenheit. Die

Theorie paßt allenfalls auf jene Epoche der Menschheitsgeschichte, in der die unbesiedelten Flächen und die Ressourcen unerschöpflich schienen, also für jene Zeit, in der die
Welt entdeckt und besiedelt wurde, insbesondere für die Neuzeit und für die Epoche des Merkantilismus. (3) Die Theorie
schweigt über die Kosten des Fortschritts. Es werden nur die
positiven Wirkungen des Bevölkerungswachstums aufgeführt.
Nötig wäre eine Bilanz, also eine Gegenüberstellung von Nutzen *und* Kosten. Es trifft zu, daß viele mit dem Bevölkerungswachstum zusammenhängende Größen einen ständigen
Fortschritt anzeigen. Aber es ist ebenso nicht zu bestreiten,
daß sich andere Indikatoren verschlechtern, z.B. die Umwelt-
indikatoren „Ausdünnung der schützenden Ozonschicht",
„Zunahme der Treibhausgase", „Zahl der ausgestorbenen
Arten", „Verlust an Ackerboden", „Vernichtung der Tro-
penwälder" etc. (4) Wenn Ressourcen knapper werden – daß
sie knapper werden, bestreitet auch Simon nicht –, steigen ihre Preise, was ebenfalls zugegeben wird. Bevor aber die knapper gewordenen Ressourcen durch Ersatzstoffe ersetzt werden
können, haben die Preise eine Höhe erreicht, daß sie für die
armen Länder unerschwinglich werden. Die Ressourcenfrage
ist somit mit der Verteilungs- bzw. Gerechtigkeitsfrage un-
trennbar verbunden. Das Weltbevölkerungswachstum führt
tendenziell zu größerer Knappheit und damit zu weniger Ge-
rechtigkeit. Das erhöht die Wahrscheinlichkeit von Unfrieden
und Konflikten. Darüber schweigt die Theorie.

Simon begründet seine Theorie mit dem metaphysisch-
utilitaristischen Grundsatz, daß menschliches Leben ein hoher
Wert an sich ist, so daß folglich viele menschliche Leben mehr
Wert sein müssen als wenige. Die Kehrseite dieses erhabenen
metaphysischen Arguments ist die triviale Banalität der aus
ihm abgeleiteten konkreten Aussagen, die den Charakter des
Vorwissenschaftlichen haben. Trotzdem: Die Theorie hat
meine Sympathie – Wissenschaft hin, Wissenschaft her. Aber
was nützt die *Sympathie* zu einer metaphysischen Theorie?
Die mangelnde „Nützlichkeit" der Metaphysik müßte für den
Utilitaristen Simon eigentlich ein großes Problem sein, denn

„die metaphysische Erfahrung entbehrt jeder Nachprüfbarkeit, die sie zu einer gültigen für jedermann machen könnte" (Karl Jaspers); dieser zahlreiche „Jedermann" ist aber gerade der eigentliche Adressat des Utilitarismus.

Ich habe Simons Buch in den Kontext der klassischen Bevölkerungstheorie eingeordnet und nicht in das Kapitel über die moderne Demographie, weil es einen wissenschaftsgeschichtlichen Anachronismus darstellt und einen Schritt zurück hinter die merkantilistischen Ansätze der Bevölkerungswissenschaft bedeutet, bei denen es ebenfalls darum ging, die Bevölkerungszahl zu maximieren. Andererseits hat dieses Buch den modernen Beiträgen zum Thema Weltbevölkerungswachstum etwas voraus, gerade weil es den metaphysischen Aspekt des Themas nicht aus den Augen verloren hat. Man könnte vielleicht sagen, daß die klassische Theodizee-Frage in Simons Bevölkerungstheorie in eine weltliche, für das heutige Leben relevante Form umgesetzt ist und auf eine Weise beantwortet wird, mit der viele Menschen etwas anfangen können: Die Botschaft seines Buches ist, den Glauben daran zu erhalten, daß schon dafür gesorgt ist, daß es mit dem Ganzen dieser Welt gut gehen wird, wenn nur jeder einzelne sein Handeln in seinem persönlichen Nahbereich an den Prinzipien der Humanität und der Vernunft ausrichtet.

Aber ist auf diese Botschaft wirklich Verlaß? Süßmilch, der im Hauptberuf Probst der brandenburgisch-lutherischen Kirche in Berlin war, wird als ein frommer „gottestrunkener Mann" geschildert, aber obwohl seine Frömmigkeit der von Julian Simon gewiß nicht nachstand, war für ihn die Frage von größter Bedeutung, ob es Mechanismen oder Gesetzmäßigkeiten gibt, die verhindern, daß der Wachstumsprozeß der Bevölkerung die Tragfähigkeitsgrenzen der Erde sprengt, und die garantieren, daß das Wachstum auf irgendeine Weise vor Erreichen dieses Punktes zum Stillstand kommt. Süßmilch war sich der Dringlichkeit dieser Frage gerade als Theologe bewußt. Denn nicht nur die christliche Religion, sondern auch alle anderen Weltreligionen bergen in ihren Ge- und Verboten Handlungsanweisungen, die pronatalistische Wirkungen haben und die – wenn sie von den Gläubigen befolgt würden – eine Geburtenrate zur Folge hätten, die mit großer Wahrscheinlichkeit über zwei Kindern pro Frau läge. Bei einer solchen Geburtenrate könnte aber das Bevölkerungswachstum niemals zum Stillstand kommen, außer durch gewaltsame, katastrophale Einwirkungen von außen, deren Notwendigkeit aber von Süßmilch gerade bestritten wurde.

Die zentrale Frage, welche Faktoren das von ihm errechnete künftige Wachstum der Weltbevölkerung um mehr als das Zehnfache ermöglichten und dabei gleichzeitig garantierten, daß das Wachstum die Tragfähigkeit der Erde nicht überschritt, beantwortete Süßmilch auf moderne Weise durch Überlegungen über die Selbstregulation der demographisch-ökonomischen Faktoren. Die entsprechenden Zusammenhänge bezeichnete er mit dem Begriff „Ordnungen", ein Wort, für das wir heute Begriffe wie „Rückkopplungen" verwenden, die zwischen den zahlreichen Variablen in einem komplexen System ökonomischer, demographischer und gesellschaftlicher Größen bestehen. In der Kompliziertheit der Regelmechanismen, die für ihn ans Wunderbare grenzte, sah er einen Beweis für die Existenz Gottes. Süßmilch war sich auf Grund seiner empirischen Analysen sicher, daß die „Regeln der Ordnung", in der heutigen Sprache die Kräfte der Selbstregulation des Systems Bevölkerung, und nicht die künstlichen bevölkerungspolitischen Maßnahmen des merkantilistischen Staates – z.B. die fiskalische Bestrafung der Kinderlosen und die staatliche Förderung der Geburten – die „angemessenen Mittel" der Bevölkerungsregulation sind, wobei „Mittel" im Sinne von „Kraft" oder „Ursache" zu verstehen ist: „Diese Ordnungen sind so gemacht, daß die Bevölkerung nicht zu schnell, auch nicht zu langsam gehe, und daß sie endlich, ohne gewaltsame und außerordentliche Mittel, zu einem *Stillstand von selbst* kommen müsse, wenn die Welt mit der Anzahl angefüllt worden, welche den Nahrungsmitteln der Natur und des Fleißes proportioniert ist."

Ein halbes Jahrhundert später erschien das „*Bevölkerungsgesetz*" von Malthus. Im Vorwort steht der Satz: „Es ist eine offenkundige Wahrheit, auf die viele Autoren hingewiesen haben, daß die Bevölkerung sich stets nach der Menge der Unterhaltsmittel richten muß; der Verfasser entsinnt sich jedoch keines Autors, der im einzelnen auf die Mittel eingegangen ist, aus denen sich diese Bevölkerungszahl ergibt. Dabei bildet gerade eine bestimmte Einstellung zu diesen Unterhaltsmitteln das stärkste Hindernis auf dem Wege zu jeglichem größeren Fortschritt der Gesellschaft."

Kannte Malthus Süßmilchs Arbeit nicht? Er wies selbst darauf hin, daß er die demographischen Daten und Tabellen aus Süßmilchs Buch für seine Analysen herangezogen hatte. Aber an keiner Stelle seines Werkes ging er darauf ein, zu welchen Schlüssen Süßmilch mit seiner empirischen Analyse der Tragfähigkeit gelangt war. Wir wissen nicht, ob Malthus Süßmilchs Schlußfolgerungen nicht zur Kenntnis nahm, weil er die deutsche Sprache nicht beherrschte und sich nur die Tabellen, nicht aber den Text aus Süßmilchs Werk übersetzen ließ – was nicht besonders wahrscheinlich ist –, oder ob er die Schlußfolgerungen, die Süßmilch aus seinen Daten gezogen hatte, absichtlich verschwieg, weil sie seinen eigenen Ideen diametral entgegengesetzt waren. Sicher ist aber, daß die Geschichte der Bevölkerungswissenschaft ebenso wie die Geschichte benachbarter Disziplinen wie der Wirtschaftswissenschaft und Soziologie anders verlaufen wäre, wenn sich Malthus mit Süßmilchs Theorie auseinandergesetzt und das Buch nicht nur als eine Sammlung demographischer Daten und Tabellen verwendet hätte, die er wie einen Steinbruch ausbeutete.

Malthus' „Bevölkerungsgesetz" erfüllt keine der Voraussetzungen, die jede Theorie erfüllen sollte, um in der Wissenschaft ernstgenommen zu werden. Das „Bevölkerungsgesetz" enthält weder eine klare, nichttriviale Hypothese, noch wird gezeigt, unter welchen Bedingungen die behaupteten Thesen an Hand von Daten überprüft und gegebenenfalls bestätigt oder widerlegt werden können, geschweige denn bietet es das Ergebnis einer solchen Konfrontation der Theorie mit der Realität. Und trotzdem beschäftigte dieses „Bevölkerungsgesetz" die Öffentlichkeit in einer Weise, als ob es sich um eine der bedeutendsten Entdeckungen handelt, die die Sozialwissenschaft zu bieten hat. Diese Meinung wurde und wird tatsächlich auch so vertreten, der Nationalökonom Gustav Cohn beispielsweise bezeichnete das „Bevölkerungsgesetz" noch hundert Jahre nach seinem Erscheinen als das „unerschütterlichste und wichtigste Naturgesetz der ganzen bisherigen Nationalökonomie". Es gibt aber auch andere Bewertungen. So urteilte beispielsweise der Nationalökonom Werner Sombart, das „Bevölkerungsgesetz" sei das „dümmste Buch der Weltliteratur", das nur eine bemerkenswerte Eigenschaft habe, nämlich keinen einzigen neuen Gedanken zu enthalten.

Welches Urteil zutrifft, ist heute eigentlich gar nicht mehr wichtig, denn es hat sich leider in den zweihundert Jahren seit Erscheinen des „Bevölkerungsgesetzes" erwiesen, daß nicht die Qualität, richtig oder falsch zu sein, für das Urteil der Allgemeinheit über diese Theorie entscheidend ist, sondern der offenbar tief verwurzelte Glaube, daß in diesem „Gesetz" ein wahrer Kern stecken muß. Dies scheint dem „Bevölkerungsgesetz" eine Art ewiges Leben zu garantieren, und zwar unabhängig davon, ob die Theorie überhaupt irgendwelche wissenschaftlich ernstzunehmenden Aussagen enthält oder nicht. Es ist sogar zu befürchten, daß der Malthusianismus nach seinem gegenwärtigen Wandel zum ökologischen Malthusianismus im 21. Jahrhundert noch verheerendere Auswirkungen haben wird als in den beiden vergangenen Jahrhunderten.

Süßmilch hatte durch empirische Tragfähigkeitsanalysen begründet, daß die Erde mehr als das Zehnfache der Menschenzahl ernähren könne, als zu seiner Zeit lebten. Malthus' Kernthese war, daß die Erde bereits mit der damaligen Bevölkerungszahl von rd. einer Milliarde übervölkert sei und daß ein weiterer Zuwachs die Gesellschaft in den politischen, ökonomischen und moralischen Ruin führen müsse. Heute lebt die sechsfache Zahl der Menschen als zu Malthus' Zeit, wobei ein großer Teil von ihnen – mehr als die gesamte damalige Menschheit – einen unvergleichlich höheren Lebensstandard hat als jemals zuvor in der Menschheitsgeschichte, und dies bei mehr als der doppelten Lebenserwartung. Süßmilchs Ideen haben sich bestätigt, nicht die von Malthus, warum ist dann aber Süßmilch nahezu vergessen und nicht Malthus? Wahrscheinlich kann diese Frage in hundert Jahren genauso gestellt werden wie heute. Die Antwort darauf hat viel mit dem Problem zu tun, warum Menschen Hungers sterben müssen, obwohl das Ernährungspotential der Erde groß genug ist, um eine weitaus größere als die heute lebende Menschenzahl zu ernähren.

In seiner Beweisführung führt Malthus ein Zahlenbeispiel an, das die entscheidende Voraussetzung seiner Theorie verdeutlichen soll, daß sich nämlich die Bevölkerung in der Form einer geometrischen Reihe vermehrt (entsprechend der Zinseszinsformel), während die Nahrungsmittelmenge nur in linearer Form wächst (wie eine Gerade). Bei einer geometrischen Reihe ist der Zuwachs von Periode zu Periode prozentual gleich und deshalb absolut steigend. Bei einer linearen Reihe ist der Zuwachs absolut gleich und deshalb prozentual fallend. Daher muß *jede* geometrisch wachsende Reihe *jede* linear wachsende ab einem bestimmten Punkt übersteigen. Das Zahlenbeispiel von Malthus ist: „Nehmen wir für die Bevölkerung der Welt eine bestimmte Zahl an, zum Beispiel 1000 Millionen, so würde die Vermehrung der Menschheit in der Reihe 1, 2, 4, 8, 16, 32, 64, 128, 256, 512 etc. vor sich gehen, die der Unterhaltsmittel in der Reihe 1, 2, 3, 4, 5, 6, 7, 8, 9, 10 etc. Nach 225 Jahren würde die Bevölkerung zu den Nahrungsmitteln in einem Verhältnis von 512 zu 10 stehen, nach 300 Jahren wie 4096 zu 13, und nach 2000 Jahren wäre es beinahe unmöglich, den Unterschied zu berechnen, obwohl der Ernteertrag zu jenem Zeitpunkt zu einer ungeheuren Größe herangewachsen wäre."

Die in diesem Beispiel zugrunde gelegte Voraussetzung, daß die Nahrungsmittelmenge nur linear wächst, erwies sich in den meisten Ländern und im Weltmaßstab als falsch. Die empirisch gewonnenen Ergebnisse von Süßmilch bestätigten sich dagegen. Durch die Verbesserung der Anbaumethoden, durch Erfolge bei der Pflanzen- und Tierzüchtung und später durch den Einsatz des Mineraldüngers, der von Justus von Liebig 1840 entdeckt wurde, wuchsen die landwirtschaftlichen Erträge nicht linear, sondern geometrisch. Die jährliche Wachstumsrate der Nahrungsmittelmenge überstieg sogar die Wachstumsrate der Bevölkerung, so daß die Pro-Kopf-Nahrungsmittelmenge zunahm, statt wie in dem Zahlenbeispiel abzunehmen. Das Malthusianische „Bevölkerungsgesetz" war durch die Arbeiten Süßmilchs bereits zu dem Zeitpunkt seiner Veröffentlichung widerlegt. Michael Sadler, ein Landsmann von Malthus, hatte das „Bevölkerungsgesetz" schon zu Lebzeiten von Malthus einer scharfen Kritik unterzogen und als falsch zurückgewiesen. So wie Demographen heute, so hatte auch schon Sadler darauf hingewiesen, daß Malthus, der selbst kein Demograph war und keine eigenen demographischen Statistiken ermittelt hatte, mit den Tabellen Süßmilchs auf unkorrekte Weise umgegangen war und daraus unzulässige Schlüsse gezogen habe.

Gegen Ende des 19. Jahrhunderts wurde die Kritik immer stärker. Aber dies konnte nicht verhindern, daß das „Bevölkerungsgesetz" das ganze 19. und 20. Jahrhundert hindurch Befürworter und Bewunderer fand. Die kritischen Stimmen gingen in dem lauten Applaus unter, bis sie zur Zeit des Nationalsozialismus, dessen Bevölkerungstheoretiker im Malthusianischen „Bevölkerungsgesetz" etwas „entscheidend Richtiges" erkannten, ganz zum Schweigen gebracht wurden; darunter der Wirtschaftswissenschaftler August Lösch, dessen bevölkerungswissenschaftliche Arbeiten sich dem Zeitgeist widersetzten und der daran zerbrach.

Nach dem obigen Zahlenbeispiel zu schließen, scheint das „Bevölkerungsgesetz" eine Theorie zu sein, deren Richtigkeit oder Falschheit sich einfach überprüfen läßt. Die Theorie selbst scheint sogar nicht nur einfach, sondern geradezu trivial zu sein. Einerseits ist sie das auch, andererseits hat aber ihre politisch-moralische Stoßrichtung eine politische Brisanz, von der bis auf unsere Zeit eine gefährliche Wirkung ausgeht. Deshalb soll auf diese alles andere als triviale Seite des „Bevölkerungsgesetzes" näher eingegangen werden.

Auf Grund der Kritik an der 1798 noch anonym erschienenen ersten Ausgabe seines „Bevölkerungsgesetzes" sah sich Malthus genötigt, seine Thesen zu untermauern. Zu diesem Zweck unternahm er ausgedehnte Studienreisen, um empirisches Material zu sammeln, mit dem er seine empirische Beweisführung zu verbessern hoffte. Fünf Jahre nach der ersten Ausgabe erschien die zweite, wesentlich erweiterte Fassung. Das Argument bezüglich der geometrisch wachsenden Bevölkerung, die notwendig an die nur linear wachsende Nahrungsschranke stoßen müsse, blieb die Grundlage auch für die erweiterte Fassung. In der ersten Ausgabe war Malthus von zwei Hemmnissen („checks") des Bevölkerungswachstums ausgegangen, von den sogenannten nachwirkenden Hemmnissen („positive checks") in der Form von Kriegen, Seuchen und Hungersnöten, die das Bevölkerungswachstum über eine Erhöhung der *Sterberate* bremsten, und von den vorbeugenden Hemmnissen („preventive checks"), die das Bevölkerungswachstum hemmten, indem sie die Menschen zu einer Änderung ihres generativen Verhaltens veranlaßten: Indem die Menschen ihre Kinderzahl durch späteres Heiraten und Ehelosigkeit verringerten, paßte sich die Bevölkerung durch eine Verringerung der *Geburtenrate* an die Unterhaltsmittel an.

Diese „positiven" und „präventiven" checks wurden in der erweiterten Ausgabe durch ein zusätzliches Hemmnis ergänzt, und zwar durch die moralisch motivierte geschlechtliche Enthaltsamkeit („moral restraint"). Durch die Vermengung der Kategorie des Moralischen mit den empirischen, demographischen Fakten verschärfte sich die politische Konsequenz des „Bevölkerungsgesetzes". Denn Malthus befürwortete die damals von vielen wegen ihrer (unbestreitbaren) Mängel geforderte Abschaffung der staatlichen Armenunterstützung mit dem Argument, daß die Unterschicht („the lower classes") auf Grund ihrer moralischen Minderwertigkeit keine präventive Enthaltsamkeit übt und auf Verbesserungen ihrer Lebensbedingungen mit einer Erhöhung der Geburtenrate reagiert, wodurch sich die Bevölkerung vermehrt, so daß das Elend nur vergrößert wird. Indem Malthus die Höhe der Geburtenrate als einen Maßstab für die moralische Qualität der sozialen Klassen heranzog, erweiterte sich die bevölkerungswissenschaftliche Argumentation um eine sozialphilosophische Dimension, so daß empirische Fakten ihre disziplinierende Wirkung auf die Rationalität der Auseinandersetzung mehr und mehr verloren. Daß Geschlechtsverkehr ohne Empfängnis möglich ist – darauf geht Malthus in seinem viele hundert Seiten starken Werk an keiner Stelle ein.

Die Erweiterung der Theorie um die Kategorie der Moral war außerordentlich folgenreich. Mit ihr legte Malthus gleichzeitig den Grundstein für die Arbeitswertlehre der klassischen Nationalökonomie, zu deren wichtigsten Begründern er gehörte. Die Kategorie des Moralischen hatte für die ökonomische Theorie der Klassik eine fundamentale Konsequenz: Die Unterschicht unterschied sich zwar durch das ökonomische Kriterium des Besitzes von der Oberschicht, das entscheidende Unterscheidungsmerkmal lag aber nach Malthus nicht im Ökonomischen, sondern im Moralischen: Die Unterschicht war nicht nur wegen ihrer Besitzlosigkeit, sondern vor allem wegen ihrer „moralischen Minderwertigkeit" von der Oberschicht geschieden. Ob das moralische Defizit aus Malthus' Sicht die Ursache für das ökonomische war oder umgekehrt, oder ob beide sich gegenseitig bedingten, darüber gibt es von Malthus keine klare Äußerung. Entscheidend ist, daß sich die ökonomische Ungleichheit zumindest prinzipiell durch gesellschaftliche und ökonomische Reformen beseitigen oder entschärfen läßt, wenn der politische Wille dazu vorhanden ist. Wie aber kann ein moralphilosophisch begründeter Klassenunterschied aufgehoben werden?

Malthus war davon überzeugt, daß dies unmöglich ist. Für ihn war deshalb ein ökonomischer Fortschritt, der zu einem Wachstum der Löhne über das Existenzminimum hinaus führt, ausgeschlossen. Die Begründung liefert die im „Bevölkerungsgesetz" entwickelte Argumentation: Infolge der moralischen Minderwertigkeit der Arbeiterklasse erhöht eine Lohnsteigerung die Geburtenrate der Arbeiter. Durch das so vermehrte Arbeitskräfteangebot wird der Lohn wieder auf das vorige Niveau herabgedrückt. Der Lohnrückgang bewirkt einen Anstieg der Sterberate, und die Bevölkerungszahl sinkt wieder auf das dem Existenzminimum der Arbeiterklasse entsprechende Niveau. Deshalb kann der Lohn das Existenzminimum langfristig nicht übersteigen, sondern nur vorübergehend von ihm abweichen. In der klassischen Nationalökonomie wird der existenzminimale Lohn folgerichtig als *„natürlicher Lohn"* bezeichnet.

Das „Bevölkerungsgesetz" ist die Grundlage der Lohntheorie und der klassischen Arbeitswertlehre, die den Kern der klassischen Nationalökonomie bilden. Die zentrale Lehre der klassischen Nationalökonomie ist, daß langfristiges wirtschaftliches Wachstum und dauerhafte Lohnerhöhungen über das Existenzminimum hinaus wegen des als Naturgesetz interpretierten „Bevölkerungsgesetzes" ausgeschlossen sind. Für Malthus ist dies der Beweis für seine eigentliche These, daß politische Reformbestrebungen auf Grund dieser Zusammenhänge zum Scheitern verurteilt sind: Bevölkerungswachstum und gesellschaftlicher Fortschritt sind langfristig unmöglich!

Der Historker Karl Polanyi fand für diese Bevölkerungslehre eine treffende Bezeichnung, er nannte sie „eine Philosophie der weltlichen Verdammnis". Nachdem 1834 die Armengesetze in England nicht zuletzt durch Malthus' Forderungen ersatzlos abgeschafft worden waren, trat der Industriekapitalismus in seine entscheidende Phase. Polanyi charakterisiert sie mit folgenden Worten: „An die Stelle der traditionellen Gemeinsamkeit einer christlichen Gesellschaft trat nun auf seiten der Wohlhabenden die Ablehnung jeglichen Verantwortungsgefühls für die Lebensverhältnisse ihrer Mitmenschen. Es kristallisierten sich gleichsam zwei Nationen heraus. Zur Verblüffung der denkenden Menschen zeigte es sich, daß unerhörter Reichtum von unerhörter Armut nicht zu trennen war. Gelehrte erklärten einhellig, man habe eine Lehre entdeckt, welche die Gesetzmäßigkeiten, welche die Welt des Menschen bestimmen, außer Zweifel stellte. Im Namen dieser Gesetzmäßigkeiten wurde das Mitgefühl aus den Herzen getilgt, und eine stoische Entschlossenheit, die menschliche Solidarität im Namen des größten Glücks für die größte Zahl aufzugeben, erhielt den Rang einer weltlichen Religion."

4. Politische und wissenschaftsgeschichtliche Langzeitwirkungen des Malthusianischen „Bevölkerungsgesetzes"

Zur Mitte des 18. Jahrhunderts hatte Europa etwa die Hälfte mehr Einwohner als Afrika, gegen Ende des 18. Jahrhunderts waren es schon doppelt so viele und in der zweiten Hälfte des 19. Jahrhunderts erreichte Europa das Dreifache der Bevölkerungszahl Afrikas (*Tabelle 1*). Aber im 20. Jahrhundert holte Afrika den Rückstand in wenigen Jahrzehnten auf. Heute ist die Bevölkerungszahl in beiden Kontinenten etwa gleich, sie beträgt rd. 730 Millionen.

Das rasante Bevölkerungswachstum Europas stand in Wechselwirkung mit dem durch die Industrialisierung ausgelösten Wirtschaftswachstum. In den sechs Jahrzehnten zwischen dem Erscheinungsjahr von Süßmilchs Bevölkerungstheorie bis zur Veröffentlichung von Malthus' „Bevölkerungsgesetz" nahm die Bevölkerungszahl Europas um 50 Millionen zu, und es zeichnete sich ab, daß sie sich in den folgenden hundert Jahren verdoppeln würde. Zu Süßmilchs Zeit hatte noch die Sorge vor einer Untervölkerung und einem zu geringen Bevölkerungswachstum dominiert. Es war die Epoche der Populationisten, aus deren Sicht ein Land gar nicht genug Einwohner haben konnte. Dieser Bevölkerungsoptimismus schlug gegen Ende des 18. Jahrhunderts in einen tiefen Pessimismus um, die Sorge vor einer Untervölkerung wich der Angst vor einer Übervölkerung.

Wie es dazu kam, soll am Beispiel Englands illustriert werden. Das Beispiel ist für das Verständnis der Lehrmeinungen wichtig, die sich in der Auseinandersetzung mit dem realen Geschehen der Wirtschafts- und Bevölkerungsentwicklung bildeten und als klassische Theorien auch heute noch bestimmte Sichtweisen in der Nationalökonomie und der Sozialwissenschaft prägen. Der Industriellen Revolution war in England eine Rationalisierung in der Landwirtschaft vorausgegangen, die zu schweren sozialen Erschütterungen führte. Kleinhäusler und Kleinbauern verloren durch Einfriedungen des Gemeindelandes und durch die Zusammenfassung zu Großgrundbesitz ihre Gärten und Grundstücke – die Basis für ihre Existenzgrundlage, die in einer Mischung aus kleinbäuerlicher Subsistenzwirtschaft und Heimarbeit bestand. Zwar wuchs im Zuge der Industrialisierung das allgemeine Beschäftigungsniveau, aber die Zahl der Unterbeschäftigten und Arbeitslosen übertraf das Wachstum der Beschäftigung und der Industriearbeiterschaft. Es bildete sich die von Friedrich Engels mit dem Begriff der „industriellen Reservearmee" bezeichnete neue Schicht der Armen, der „Pauper". Parallel zur Industrialisierung verlief eine Form der Urbanisierung, bei der eine Gemeinde nicht selten von einer einzigen Fabrik dominiert wurde, so daß sich eine konjunkturelle Absatzkrise für die Arbeiter schnell zu einer existenzbedrohenden Gefahr auswuchs. Die von Adam Smith in seinem bahnbrechenden Werk *Wealth of Nations* propagierte Arbeitsteilung sollte in der Industrie zu einer wachsenden Produktivität und in der Volkswirtschaft als Ganzes zu mehr Wohlstand führen. Dies geschah auch, aber gleichzeitig nahmen Arbeitslosigkeit und Pauperismus zu. Dies war kein Widerspruch, denn es gab keinen Arbeitsmarkt, der das wachsende Arbeitsangebot und die Nachfrage nach Arbeit hätte in Übereinstimmung bringen können. Daß sich ein Arbeitsmarkt nicht entwickeln konnte, war tragischerweise auf das gut gemeinte, aber fatal wirkende System der Armenunterstützung („Speenhamland-System") zurückzuführen, das 1795 eingeführt und 1834 wieder abgeschafft wurde.

In Speenhamland (Grafschaft Newbury) hatten die Friedensrichter 1795 in einer Zeit großer Not beschlossen, daß zusätzlich zu den Löhnen Lohnzuschüsse gezahlt werden sollten. Den Armen sollte unabhängig von ihren Einkünften ein Minimaleinkommen garantiert werden. Die detaillierten Regelungen wurden bald in anderen ländlichen Gebieten übernommen. „Unter elisabethanischen Gesetzen waren die Armen gezwungen, für jeden Lohn, den man ihnen anbot, zu arbeiten, und nur jene, die keine Arbeit bekommen konnten, hatten ein Recht auf Unterstützung; Hilfe in Form eines Zuschusses zum Lohn war nicht beabsichtigt und wurde nicht gegeben. Im Rahmen des Speenhamland-Gesetzes bekam ein Mann den Zuschuß, auch wenn er Beschäftigung hatte, falls seine Entlohnung geringer war als das ihm nach dem Tarif zustehende Familieneinkommen. Daher hatte kein Arbeiter irgendein materielles Interesse daran, seinen Arbeitgeber zufriedenzustellen, da sein Einkommen gleich blieb, unabhängig vom erhaltenen Lohn ... Keine Maßnahme hatte sich jemals größerer allgemeiner Beliebtheit erfreut. Eltern waren der Sorge um ihre Kinder enthoben, und Kinder waren nicht mehr von Eltern abhängig; Arbeitgeber konnten die Löhne nach Gutdünken herabdrücken, und die Arbeiter, ob fleißig oder faul, waren vor Hunger gesichert ... Auf lange Sicht war das Resultat furchtbar. Obwohl es einige Zeit dauerte, bis die Selbstachtung des einfachen Mannes so weit sank, daß er lieber die Armenhilfe als einen Arbeitslohn entgegennahm, so mußte sein aus öffentlichen Mitteln subventionierter Lohn schließlich ins Uferlose absinken und ihn völlig von der Unterstützung abhängig machen. Langsam wurden die Menschen auf dem Land immer mehr pauperisiert ..." K. Polanyi, von dem diese Beschreibung stammt, faßt sein Urteil so zusammen: „Ohne die langfristigen Auswirkungen des Zuschußsystems wären die menschlichen und sozialen Erniedrigungen des Frühkapitalismus kaum zu erklären ... Das Speenhamland-System war ein unfehlbares Instrument zur Demoralisierung der Bevölkerung. Wenn eine menschliche Gesellschaft eine selbsttätige Maschine zur Aufrechterhaltung jener Normen ist, auf der sie beruht, dann war das Speenhamland-System ein Automat zur Zerstörung von Normen jeglicher Art von Gesellschaft."

Die Debatten über die negativen Wirkungen des im Speenhamland-Systems garantierten Rechts auf Lebensunterhalt mündeten in eine Kontroverse über das Für und Wider der Armengesetzgebung überhaupt. Es war die Zeit, in der das „Bevölkerungsgesetz" von Malthus großen Widerhall fand. Malthus hatte in seinem „Bevölkerungsgesetz" gefordert, nicht nur das staatliche Unterstützungssystem für die Armen abzuschaffen, sondern auch jede Form privater Mildtätigkeit einzustellen, denn die Armenunterstützung erhöhte aufgrund des „Bevölkerungsgesetzes" nur die Vermehrungsrate der Armen und vergrößerte so das Übel noch, das sie beseitigen sollte.

Auch nach der Abschaffung der Armengesetze wuchs die Bevölkerung Englands weiter. Der Erklärungsmechanismus des „Bevölkerungsgesetzes" war offensichtlich kein geeignetes Instrument, um die vielfältigen Ursachen des Wachstums zu entschlüsseln. Denn die Nahrungsmittel- oder Subsistenzmittelschranke wirkte sich nicht direkt auf die Bevölkerungszahl aus, sondern indirekt über ein differenziertes Geflecht kultureller und politisch-gesellschaftlicher Faktoren. Dabei kam den Beschränkungen der Eheschließungen eine besondere Bedeutung zu. Ziel der Ehekontrollsysteme war es, das Wachstum der Zahl der Mittellosen zu begrenzen. Bevölkerungstheoretisch gesehen ging es darum, die Zahl der Menschen der Zahl der Existenzmöglichkeiten – den „Stellen" – anzupassen. Der Begriff „Stellen" zur Bezeichnung der Existenzmöglichkeiten ist im Vergleich zur „Nahrungsschranke" der modernere, allgemeinere Begriff. Die Zahl der „Stellen" im Handwerk, in der Industrie und im Heimgewerbe war nicht starr an die Zahl der Stellen in der Landwirtschaft gekoppelt, sondern ließ unabhängig von der landwirtschaftlichen Fläche eine Vermehrung oder eine Verminderung zu. Die Bevölkerungszahl wurde mit dem Instrument der Ehekontrolle nicht an eine unveränderbare „Nahrungsschranke" angepaßt, sondern an eine durchaus variable Stellenzahl, die den berufsständischen, kommunalen, kirchlichen und staatlichen Zielen und Interessen entsprach.

Weil außerehelicher Sexualverkehr in der Regel geächtet war und in verschiedenen Ländern sogar unter Strafe stand, erklären die Unterschiede zwischen den Ländern bezüglich der Maßnahmen bei der Ehekontrolle einen Großteil der Unterschiede der Geburtenrate und der Wachstumsrate der Bevölkerung. Die Ehekontrolle wurde in West- und Zentraleuropa sehr unterschiedlich gehandhabt. In Westeuropa galt die Ehe als ein freiwilliger ziviler Rechtsakt zwischen Individuen, in Zentraleuropa, insbesondere in Deutschland, war für die arme Bevölkerung ein „politischer Ehekonsens" erforderlich, ab 1700 eine Eheerlaubnis im Rahmen des „staatlichen Ehekonzessionssystems". Die freie Ehe war die Ausnahme. In Deutschland wirkten sich die differenzierten kirchlichen, staatlichen, kommunalen und berufsständischen Ehekontrollen in der Phase der Industrialisierung, die hier Jahrzehnte später begann als in England, in einer Erhöhung des Heiratsalters und der Zölibatsrate aus, mit der Folge, daß das Bevölkerungswachstum gedämpft wurde. Dabei gab es innerhalb Deutschlands große Unterschiede: In Preußen, das im Dreißigjährigen Krieg einen Großteil seiner Bevölkerung verloren hatte, wurde westlich der Elbe kein staatlicher Ehekonsens verlangt, während in den Territorien östlich der Elbe bis zur Aufhebung der Sklaverei (1807) eine Erlaubnis der feudalen Gutsherren erforderlich war. Allgemein waren die staatlichen Kontrollen in den südlichen Ländern (z.B. Baden, Württemberg, Bayern, Böhmen) intensiver als in den nördlichen Ländern des Deutschen Reiches.

Auf Grund der großen Bedeutung der sozialhistorischen Faktoren für die Bevölkerungsentwicklung stellt sich die grundsätzliche Frage, welche Leitwissenschaft und welche Leitgedanken – die Biologie oder die Kultur- und Sozialwissenschaften – die Grundlage für die theoretische Erklärung der Bevölkerungsentwicklung bilden sollen? Der Mensch ist ein Natur- und ein Kulturwesen zugleich, und deshalb ist dieses Entweder-Oder zwischen Natur- und Kulturwissenschaft eigentlich unsinnig, es müßte sich immer um ein Sowohl-Als-auch handeln. Aber die Wissenschaft macht sich bei der Produktion des Wissens ebenso wie die Wirtschaft bei der Produktion von Gütern die Vorteile der Arbeitsteilung zunutze, um effektiv zu sein. Ob gewollt oder nicht, führt dies dann in der Praxis dazu, daß eine bestimmte Wissenschaft bei der Erklärung eines Phänomens dominiert, auch ohne förmlich zur Leitwissenschaft erklärt worden zu sein.

Die Kultur im allgemeinen Sinne des Wortes ist es letztlich, die das generative Verhalten des Menschen und damit die Bevölkerungsentwicklung in entscheidender Weise bestimmt, aber die von ihr direkt bewirkten Veränderungen der Bevölkerungszahl und -struktur wirken auf indirekte Weise auf die Entwicklung wesentlicher Inhalte der Kultur zurück, insbesondere auf die Ethik der Beziehungen zwischen den Generationen – die Grundlage sowohl der zwischenmenschlichen Beziehungen als auch der intergenerationalen ökonomischen Leistungstransfers in Form von Unterstützungszahlungen der mittleren Generation für die ökonomisch noch nicht selbständige junge Generation und die nicht mehr erwerbstätige ältere –, so daß zwischen der Kultur- und Bevölkerungsentwicklung stets eine Wechselwirkung besteht. Dies bedeutet, daß das Verständnis der Kulturentwicklung das Verstehen der demographischen Entwicklung voraussetzt und umgekehrt.

Obwohl an diesen durchsichtigen Zusammenhängen kein vernünftiger Zweifel möglich ist, stand in den zweihundert Jahren nach der Veröffentlichung von Malthus' „Bevölkerungsgesetz" immer wieder die Biologie als Leitwissenschaft im Vordergrund (wenn es als opportun erschien, wirkte sie aus dem Hintergrund), und dies blieb unter Einschränkungen bis heute so, auch wenn es an Versuchen nicht gefehlt hat, die Bevölkerungswissenschaft auf eine nicht-biologische, kulturwissenschaftliche Grundlage zu stellen. In Deutschland sind hier z.B. die Arbeiten von Werner Sombart (*Vom Menschen*, 1938) und von Gerhard Mackenroth (*Bevölkerungslehre*, 1953) zu nennen, auf die im folgenden Kapitel eingegangen wird. Die Entwicklung ist immer noch im Fluß, und wie die im Eingangskapitel gegebenen Hinweise auf die biologischen Ansätze zur Erklärung des generativen Verhaltens zeigen, gewinnen die Leitgedanken der biologisch orientierten Anthropologie in unserer Zeit wieder an Bedeutung (siehe z.B. die aus dem Funkkolleg *Der Mensch – Anthropologie heute* hervorgegangene Buchveröffentlichung *Vom Affen zum Halbgott*, herausgegeben von W. Schiefenhövel u.a.).

Umso wichtiger ist es, sich zu vergegenwärtigen, daß schon seit den Anfängen der klassischen Bevölkerungstheorie ein Antagonismus zwischen der kulturtheoretischen und der biologischen Fundierung der Bevölkerungswissenschaft besteht. Anders als bei Süßmilch bilden bei Malthus biologische Reflexionen und nicht kultur- und sozialwissenschaftliche Grundtatsachen den Ausgangspunkt bei der Theoriebildung. Dabei überwiegt die biologische Sichtweise so stark, daß Charles Darwin in seinen biographischen Notizen bekannte, daß er die Idee für eine Theorie der biologischen Evolution der Lektüre von Malthus' „Bevölkerungsgesetz" verdanke. Der Biologe Ernst Mayr äußert sich über diesen wissenschaftsgeschichtlich kaum zu überschätzenden Tatbestand so: „Zahlreiche Feststellungen in Darwins Aufzeichnungen bestätigen, daß er seit dem Frühjahr 1837 fest an die allmähliche Entstehung neuer Arten durch geographische Artbildung und an die Theorie der Evolution durch gemeinsame Abstammung glaubte. Aber es vergingen noch anderthalb Jahre, ehe er den Mechanismus der Evolution, das Prinzip der natürlichen Auslese, entdeckte. Das geschah am 28. September 1838 bei der Lektüre von Malthus' *Essay on the Principle of Population.*" In Darwins Autobiographie ist hierüber zu lesen: „. . . fünfzehn Monate, nachdem ich meine Untersuchungen systematisch angefangen hatte, las ich zufällig und zur Unterhaltung Malthus' *Über die Bevölkerung,* und da ich hinreichend darauf vorbereitet war, den überall stattfindenden Kampf um die Existenz zu würdigen, namentlich durch lange fortgesetzte Beobachtungen über die Lebensweise von Tieren und Pflanzen, kam mir sofort der Gedanke, daß unter solchen Umständen günstige Abänderungen dazu neigen, erhalten zu werden und ungünstige zerstört zu werden. Das Resultat hiervon würde die Bildung neuer Arten sein. Hier hatte ich nun endlich eine Theorie, mit der ich arbeiten konnte."

Malthus' biologische Argumentationsweise soll hier wegen ihrer Bedeutung für die Wissenschaftsgeschichte durch ein Zitat verdeutlicht werden: „Im Tier- und Pflanzenreich hat die Natur den Lebenssamen mit der verschwenderischsten und freigiebigsten Hand weit umhergestreut. Dafür hat sie an Lebensraum und an Unterhaltsmitteln, die zur Ernährung nötig sind, gespart. Die Lebenskeime auf unserem Fleckchen Erde würden, falls sie ausreichend Nahrung und Platz zur Ausbreitung hätten, im Laufe einiger Jahrtausende Millionen von Welten anfüllen. Die Not als das übermächtige, alles durchdringende Naturgesetz hält sie aber innerhalb der vorgegebenen Schranken zurück. Die Pflanzen- und Tierarten schrumpfen unter diesem großen, einschränkenden Gesetz zusammen. Auch das Menschengeschlecht vermag ihm durch keinerlei Bestrebungen der Vernunft zu entkommen."

Wenn die Zahl der Nachkommen bei menschlichen Populationen ebenso wie bei Pflanzen und Tieren größer ist als die Zahl der Existenzmöglichkeiten, wie werden dann an Hand welcher Kriterien aus der Menge der Lebenden die zum Überleben bestimmten Individuen selektiert? Die in dieser Frage angesprochene Analogie zwischen dem Selektionsmechanismus der „checks" aufgrund des „Bevölkerungsgesetzes" und den Selektionsmechanismen in der Evolutionsbiologie bestand auch auf einem anderen wichtigen Gebiet: Alles Wirtschaften steht unter dem „kalten Stern der Knappheit", und auch hier gab es einen Selektionsmechanismus, der die überschüssigen Marktteilnehmer zum Ausscheiden aus dem Markt zwingt, und zwar durch die Mechanismen der Konkurrenz und des Wettbewerbs auf den Güter- und Arbeitsmärkten.

Aus der Sicht der Theoretiker des Wirtschaftsliberalismus mußte sich der Selektionsmechanismus der ökonomischen Konkurrenz und des Wettbewerbs auf den Wohlstand eines Gemeinwesens positiv auswirken, weil er die weniger Tüchtigen zurückdrängt und die Tüchtigen zum Zuge kommen läßt. Die Selektionstheorie hatte offensichtlich eine außerordentlich hohe Erklärungskraft: Im Falle der Biologie erklärte sie die Tendenz der Organismen zur Höherentwicklung im Verlauf der Evolution, wie Darwin auf Malthus gestützt erkannte, und im Falle der Wirtschaft die Tendenz zu wachsendem Wohlstand bei den Nationen, deren Wirtschaft sich an den Prinzipien des Marktes, der ökonomischen Konkurrenz und des Wettbewerbs orientierten.

Karl Marx und Friedrich Engels waren sich der bitteren Konsequenzen aus der Analogie zwischen dem Selektionsmechanismus des „Bevölkerungsgesetzes" und dem des Marktes und der ökonomischen Konkurrenz deutlich bewußt. Die geistige Nähe und die strukturelle Ähnlichkeit der Argumentation, die zwischen dem ökonomischen Liberalismus englischer Prägung und der malthusianischen Bevölkerungstheorie bestand, zwangen Marx und Engels nicht nur zur bisher schärfsten Ablehnung der malthusianischen Bevölkerungstheorie, sondern auch zum Gegenentwurf einer Sozialutopie, deren Gegensatz zur liberalistischen Position ins Extreme gesteigert ist. Man darf aber nicht verkennen, daß Malthus' moralphilosophisch begründete Klassentheorie die marxistisch-leninistische Klassentheorie in ihrer theoretischen Radikalität und rabiaten Unversöhnlichkeit übertrifft.

Noch dramatischere Auswirkungen als auf dem Gebiet der Nationalökonomie und der politischen Theorie hatte das „Bevölkerungsgesetz" im Verlauf des 19. und 20. Jahrhunderts in der Anthropologie und in den Wissenschaften, die die geistigen Grundlagen für die Selbstinterpretation des Menschen entwickeln und das Bild prägen, das sich der Mensch von sich selbst macht. Zunächst verstrichen aber von der Entdeckung der Evolutionstheorie im Jahr 1838 bis zur Veröffentlichung der *Entstehung der Arten (On the Origin of species)* im Jahr 1859 zwanzig Jahre. Darwin war sich der Brisanz seiner Entdeckung, daß der Mensch und die höheren und niederen Tiere und Pflanzen gemeinsame Vorfahren haben, bewußt. Deshalb zögerte er zwei Jahrzehnte lang mit der Veröffentlichung seiner Ideen, bis er sich dazu gezwungen sah, weil ihm sonst der Naturforscher Alfred Russel Wallace zuvorgekommen wäre, der unabhängig von ihm die gleichen Ideen entwickelt und 1858 in einem zur Veröffentlichung bestimmten Manuskript niedergeschrieben hatte. Diese Ideen lagen um die Mitte des 19. Jahrhunderts in der Luft, sie reiften in vielen Köpfen gleichzeitig heran. Der Reifungsprozeß brauchte Zeit; am Beginn seiner wissenschaftlichen Laufbahn war Darwin ebenso wie Malthus und wie die meisten seiner naturwissenschaftlichen Lehrer ein ordinierter Theologe, der noch an die christliche Schöpfungsgeschichte glaubte.

Schon im 18. Jahrhundert hatte sich die Offenbarungstheologie zur Naturtheologie gewandelt. Fortan war die Idee Gottes im wesentlichen auf die Rolle des Schöpfers beschränkt, für die Erklärung des geschichtlichen Ablaufs nach Vollzug des Schöpfungsaktes bedurfte es nun nicht mehr der Annahme, daß Gott in den Ablauf der Geschichte und der Evolution direkt eingriff. Was blieb, war der Glaube, daß es „Arten" gab, die nach älteren evolutionstheoretischen Vorstellungen jede für sich von Gott geschaffen wurden und die sich – jede für sich – in einer linearen Stufenleiter getrennt voneinander zu immer höheren Formen entwickelten. Im Gegensatz zu diesen Vorstellungen ergab sich nach Darwin die Tendenz zur Höherentwicklung aus einem gemeinsamen Abstammungsprozeß, bei dem es zwischen der Entwicklung der einen Art und der Entwicklung einer anderen Zusammenhänge gab. Allen diesen Vorstellungen gemeinsam war aber die Idee der *Höherentwicklung* – und die damit verbundene Einteilung der Arten nach ihrem Rang und nach dem Grad der Vollkommenheit, den sie in der Stufenleiter der Evolution erreicht hatten. In unserem Jahrhundert sollte sich dann erweisen, wie gefährlich der Gedanke der Höherentwicklung war, denn es zeigte sich, daß sich gerade jene auf ihn beriefen, die an biologische Rangunterschiede zwischen den Menschenrassen glaubten und sich dadurch zu den schrecklichsten Untaten berechtigt fühlten.

Die Entwicklung des menschlichen Geistes und das Phänomen des menschlichen Bewußtseins wurden schon in der älteren Evolutionstheorie als Ergebnis des natürlichen Evolutionsprozesses betrachtet. Malthus hatte hierzu in seinem „Bevölkerungsgesetz" wesentliche Gedanken formuliert. Seine Unterscheidung der sozialen Klassen nach dem Grad ihrer „moralischen" Vollkommenheit, von der in seiner Theorie die Höhe ihrer Geburtenrate abhing, ist eine der vielen Formen, in denen die Idee einer rangmäßigen Abstufung zwischen „Arten" ausgedrückt wurde. Diese Idee war schon seit der Antike stets eng mit bevölkerungstheoretischen Vorstellungen verwoben. Ein Beispiel ist die Staatsphilosophie von Platon. Um nicht nur die Tiere und Pflanzen, sondern auch die Menschen durch Züchtung zu vervollkommnen, soll Sokrates – Platon zufolge – empfohlen haben, „. . . daß die besten Männer so häufig wie möglich den besten Frauen beiwohnen, die schlechtesten dagegen den schlechtesten so selten wie möglich. Und die Kinder der ersteren müssen aufgezogen werden, die der anderen nicht . . ." In den Entwürfen für den Idealen Staat aus der Renaissance wurden diese Vorstellungen einer Menschenverbesserung durch natürliche Zuchtwahl perfektioniert, z.B. in der *Utopia* des Humanisten Thomas Morus, im *Sonnenstaat* des dominikanischen Philosophen Thomaso Campanella und im *Neu Atlantis* des englischen Philosophen und Staatsmannes Francis Bacon. Aber die Scheu, die Sokrates gegenüber diesen Vorstellungen empfand und die sich in seiner dringenden Warnung ausdrückt, „. . . und von allen diesen Maßnahmen darf niemand etwas Wissen außer die Herrscher" – diese Scheu existiert nicht mehr in den bevölkerungspolitischen Vorschlägen der Renaissance-Theoretiker.

Sie fehlt auch in den bevölkerungsbiologischen Überlegungen des 19. Jahrhunderts. Schon 1850, fünf Jahre vor Erscheinen von Darwins Evolutionstheorie, publizierte der französische Schriftsteller und Diplomat Josef Arthur Graf von Gobineau in einem vierbändigen Werk eine Theorie über die *„Ungleichheit der Menschenrassen"* sowie eine Theorie der Überlegenheit der *„arischen Rasse"*. Bereits 1869 begründete Francis Galton in England die Lehre der *Eugenik*, die die wissenschaftliche Grundlage für die Unterscheidung der Menschen nach dem Grad ihrer geistigen Fähigkeiten liefern und z.B. Intelligenz meßbar machen sollte. Bis dahin hatte man angenommen, daß sich erworbene Eigenschaften, z.B. die durch Lernen entwickelten geistigen Fähigkeiten, vererben lassen (Lamarck). Als aber der aus der klassischen Biologie übernommene Glaube an die Vererbbarkeit erworbener Eigenschaften durch die Entdeckung der wahren Natur der Erbgesetze durch August Weismann in den 80er Jahren des 19. Jahrhunderts zerstört wurde, verlor der optimistische Fortschrittsglaube an die Höherentwicklung des Menschen seine anscheinend so sichere wissenschaftliche Grundlage. Bis dahin hatten Sozialrevolutionäre geglaubt, daß sich z.B. Verbesserungen des Schulsystems über die durch Lernen erworbenen geistigen Fähigkeiten auf die Nachkommen übertragen lassen, so daß ein ständiger, naturgesetzlich garantierter gesellschaftlicher Fortschritt nicht nur möglich schien, sondern geradezu notwendig und mithin naturgesetzlich garantiert war. Wenn sich aber erworbene Eigenschaften aufgrund der von August Weismann entdeckten Erbgesetze nicht vererben ließen, dann mußte die Menschheit, so folgerten die Biologisten, eben durch die gezielte Beeinflussung der *vererbbaren* Eigenschaften des Menschen verbessert werden. Dies ließ sich nach Auffassung der biologischen Bevölkerungstheoretiker durch Anwendung der Eugenik verwirklichen. Sie forderten, die als eugenisch „minderwertig" betrachteten Menschen an der Fortpflanzung zu hindern und die eugenisch „höherwertigen" darin zu fördern (*negative* bzw. *positive Eugenik*). Eugenische Ziele wurden in ganz Europa, insbesondere in den USA und Schweden, propagiert. Jahrzehnte später setzten die Nazis diese Ideen durch ihre Politik der „*Rassenhygiene*" in Form des staatlich organisierten Massenmordes in die Tat um.

Damit war jedoch dieses dunkle Kapitel der Wissenschaftsgeschichte nicht zu Ende, wie man nach dem Zweiten Weltkrieg zunächst glauben konnte. Unter Bezugnahme auf Malthus' Bevölkerungstheorie versucht heute eine bestimmte Schule der Bevölkerungstheorie, die bevölkerungsbiologische Tradition des 19. Jahrhunderts wiederzubeleben und durch Hinzuziehung von umweltpolitischen und ökologischen Tatbeständen neu zu begründen. Ihre entscheidenden Argumente glaubt diese Schule aus den Projektionen des Weltbevölkerungswachstums für das 21. Jahrhundert schöpfen zu können, so wie Malthus seine gesellschaftspolitischen Ideen mit einer Theorie des Bevölkerungswachstums begründet hatte.

5. Der erste und der zweite demographische Übergang und die biographische Theorie der demographischen Reproduktion

Die Bevölkerung der Entwicklungsländer wächst heute mit einer jährlichen Wachstumsrate von fast zwei Prozent, die der Industrieländer beträgt nur ein Fünftel dieses Wertes (0,37%), und in Ländern wie Deutschland ist das Wachstum nicht nur auf Null gesunken, sondern die Bevölkerung schrumpft seit Anfang der 70er Jahre, wenn das Geburtendefizit nicht ständig durch Einwanderungen ausgeglichen wird. Vor 150 Jahren waren die Wachstumsunterschiede zwischen den europäischen und außereuropäischen Ländern genau umgekehrt: Die weltweit höchsten Wachstumsraten hatten Europa und Nordamerika, die niedrigsten die heutigen Entwicklungsländer. Die Wachstumsrate Europas war z.B. in der zweiten Hälfte des 19. Jahrhunderts mit 0,8% etwa doppelt so hoch wie die Afrikas (0,4%) und Asiens (0,3%).

Wichtiger noch als diese spiegelbildliche Umkehrung der Wachstumsunterschiede ist der Anstieg des allgemeinen Niveaus der Wachstumsraten im 20. Jahrhundert und die daraus resultierende Beschleunigung des Weltbevölkerungswachstums: Die globale Wachstumsrate betrug in der zweiten Hälfte des 19. Jahrhunderts noch 0,5%, in der zweiten Hälfte des 20. Jahrhunderts stieg sie auf mehr als das Dreifache an (s. *Tabelle 1*). Der bisher höchste Wert wurde Anfang der 70er Jahre mit 2,1% erreicht. Seitdem sinkt die Wachstumsrate der Weltbevölkerung zwar stetig, aber Mitte der 90er Jahre betrug sie immerhin noch 1,5%. Bliebe sie auf diesem Niveau konstant, würde sich die Weltbevölkerung schon in 47 Jahren verdoppeln und in weiteren 47 Jahren auf 23,2 Mrd. vervierfachen.

Das europäische Bevölkerungswachstum des 19. Jahrhunderts und das Bevölkerungswachstum der Entwicklungsländer im 20. Jahrhundert waren nicht, wie man vermuten könnte, die

Tabelle 1: Historisches Weltbevölkerungswachstum 1750–2000 nach Daten der UN

| A. Bevölkerung in Millionen im Jahr | | | | | | |
	1750	1800	1850	1900	1950	1995	2000
Welt	791	978	1262	1650	2520	5716	6158
Afrika	106	107	111	133	224	728	832
Asien	502	635	809	947	1403	3458	3736
Lateinamerika	16	24	38	74	166	482	524
Nordamerika	2	7	26	82	166	293	306
Europa	163	203	276	408	549	727	730
Ozeanien	2	2	2	6	13	29	31

| B. Durchschnittliche Wachstumsrate in % im Zeitraum | | | | | | |
	1750–1800	1800–1850	1850–1900	1900–1950	1950–1995	1995–2000
Welt	0,43	0,51	0,54	0,85	1,84	1,50
Afrika	0,02	0,07	0,36	1,05	2,65	2,71
Asien	0,47	0,49	0,32	0,79	2,03	1,56
Lateinamerika	0,81	0,92	1,34	1,64	2,40	1,69
Nordamerika	2,54	2,66	2,32	1,42	1,27	0,87
Europa	0,44	0,62	0,79	0,60	0,63	0,08
Ozeanien	0,00	0,00	2,22	1,55	1,80	1,34

Daten: UN (1994)

Folge eines Anstiegs der Geburtenrate (= Lebendgeborene auf 1000 Einwohner bzw. Lebendgeborene pro Frau). Ein Anstieg der Geburtenrate als Ursache der Wachstumsbeschleunigung wäre zwar auf Grund der Malthusianischen Theorie zu erwarten gewesen, denn die Unterhalts- und Nahrungsmittel nahmen im Zuge der wirtschaftlichen Entwicklung und Industrialisierung zu. Da die Bevölkerung nach Malthus die Tendenz hat, den erweiterten Nahrungsspielraum auszuschöpfen, hätte die Geburtenrate eigentlich steigen müssen. Die Geburtenrate blieb aber konstant; die Wachstumsbeschleunigung war ausschließlich eine Folge des Rückgangs der Sterberate (= Sterbefälle auf 1000 Einwohner). Dabei ist die natürliche, d.h. die sich allein aus den Geburten- und Sterbefällen ohne Berücksichtigung der Wanderungen ergebende Wachstumsrate der Bevölkerung gleich der Differenz zwischen der Geburtenrate und der Sterberate. Zu beachten ist hierbei nur, daß nach der üblichen Konvention die Wachstumsrate in Prozent gemessen wird, die Geburten- und Sterberate in Promille.

Diese demographischen Kennziffern ließen sich in Ländern wie Schweden und Deutschland, in denen seit dem 18. Jahrhundert regelmäßig Volkszählungen durchgeführt wurden, relativ genau berechnen oder zumindest zuverlässig schätzen, und seit der Gründung der statistischen Ämter und der vollständigen statistischen Registrierung aller Geburten- und Sterbefälle kamen im Verlauf des 19. Jahrhunderts immer bessere bevölkerungsstatistische Informationsquellen hinzu. Mit diesen Daten konnte der historische Verlauf der Geburten-, Sterbe- und Wachstumsraten für eine Vielzahl von Ländern rekonstruiert werden – eine gute Basis, um Gemeinsamkeiten und Unterschiede zu analysieren und die Suche nach möglichst allgemeingültigen Regelmäßigkeiten der demographischen Entwicklung, wenn nicht sogar „Gesetzmäßigkeiten", zu intensivieren. Das Ergebnis dieser umfangreichen Forschungsarbeiten war die *Theorie des demographischen Übergangs*, die auch als *Theorie der demographischen Transformation bzw. Transition* bezeichnet wird. Sie läßt sich nicht einer einzelnen Forscherpersönlichkeit zuordnen, sondern entstand etappenweise seit dem Ende des 19. bzw. Anfang des 20. Jahrhunderts aus parallelen Forschungsarbeiten in einer Reihe von Ländern, vor allem Deutschland, England, Frankreich und den USA. Da sich die Forscher von dem gemeinsamen Ziel leiten ließen, das Malthusianische „Bevölkerungsgesetz" durch eine ernstzunehmende wissenschaftliche Theorie abzulösen, betrachten einige Historiker schon die gegen Malthus gewandten Schriften aus der ersten Hälfte des 19. Jahrhunderts, z.B. die Untersuchungen von A. Alison (1840) oder T. Chalmers (1832) und N. W. Senior (1836), als Vorläufer der Transformationstheorie.

Die Kernaussagen der Transformationstheorie lassen sich in wenigen Sätzen zusammenfassen. Schwieriger ist die Begründung dieser Aussagen. Dabei wird auch die Meinung vertreten, daß es sich bei der Transformationstheorie genaugenommen nicht um eine Theorie handelt, weil der zu erklärende Sachverhalt nur beschrieben, aber nicht eigentlich durch eine Theorie erklärt und begründet wird. Bevor im einzelnen auf die Transformationstheorie eingegangen wird, sollen kurz die Einwände gegen die Malthusianische Theorie dargestellt werden, wie sie am Ende des 19. und am Anfang des 20. Jahrhunderts von Nationalökonomen in Deutschland besonders kritisch formuliert wurden, bevor dann Malthus von den nationalsozialistischen Bevölkerungstheoretikern wieder hoch geschätzt wurde.

Die schon am Anfang des 20. Jahrhunderts entstandenen bevölkerungstheoretischen Schriften von Franz Oppenheimer, Julius Wolf und Lujo Brentano muten heute erstaunlich modern an und sind immer noch sehr lesenswert. Es ist leider keine Übertreibung, festzustellen, daß das Niveau dieser vor hundert Jahren veröffentlichten Schriften viele der aktuellen Bücher unserer Zeit überragt. Oppenheimer und Wolf lehnten das „Bevölkerungsgesetz" nicht nur ab, sondern stellten es auf den Kopf: „Die Bevölkerung hat nicht die Tendenz, über die Unterhaltsmittel hinauszuwachsen, vielmehr haben die Unterhaltsmittel die Tendenz, über die Bevölkerung hinauszuwachsen" (J. Wolf, 1901). Bei der Begründung ihrer Gegenthese spielt das „Gesetz vom abnehmenden Bodenertragszuwachs" eine wichtige Rolle. Es besagt, daß die bisher nicht zur Nahrungsproduktion genutzten Böden, die auf Grund des Bevölkerungswachstums nach und nach in Bewirtschaftung genommen werden, von immer minderer Fruchtbarkeit sind, so daß der Ertrag pro zusätzlich bewirtschaftete Fläche notwendigerweise sinken muß. Das Gesetz vom abnehmenden Bodenertragszuwachs hatte den Parteigängern von Malthus als eine scheinbar unwiderlegliche Begründung des „Bevölkerungsgesetzes" gedient, wurde aber von Oppenheimer nicht als Begründung akzeptiert, weil die Produktivität der außerlandwirtschaftlichen Wirtschaftssektoren, insbesondere die Produktivität der Industrie und der Dienstleistungssektoren, von einer steigenden Bevölkerungsdichte im Gegensatz zur

Produktivität des landwirtschaftlichen Sektors nicht negativ, sondern positiv beeinflußt wird. Ursächlich für die steigende Produktivität der Volkswirtschaft als Ganzes sei die durch eine höhere Bevölkerungsdichte und Urbanisierung ermöglichte Arbeitsteilung bei der Produktion von Gütern und Dienstleistungen. Die positiven Wirkungen einer steigenden Bevölkerungsdichte überwiegen nach Oppenheimer die Nachteile bei weitem. So schätzte er, daß die Weltbevölkerung bei voller Nutzung des ökonomischen Potentials der Erde bis auf 200 Milliarden(!) wachsen könne; Schätzungen aus unserer Zeit sind nicht ganz so hoch, liegen aber in ähnlichen Größenordnungen: „Mögen die Völker in dem bisherigen Tempo weiterwachsen oder nicht, mag unsere Rechnung das Mögliche sogar stark überschätzen: jedenfalls ist der Zeitpunkt, in dem die höchst mögliche Produktivität erreicht und die 'absolute Übervölkerung' eingetreten ist, selbst bei Zugrundelegung nur der heutigen Roherträge (das war um die Jahrhundertwende, d.V.) so fern, daß für eine ernsthafte Wissenschaft die ganze Erörterung ohne jedes Interesse ist ..." Die ökologischen Konsequenzen eines solchen Bevölkerungswachstums waren um die Jahrhundertwende noch kein Thema. Aber selbst dann, wenn man sich der ökologischen Konsequenzen einer vollen Ausschöpfung des Ernährungspotentials bewußt ist, sind solche Schätzungen wegen ihres Informationswertes nützlich, vorausgesetzt, daß man sie nicht als Bevölkerungsprognose mißversteht.

Die bevölkerungstheoretischen Ansätze von Oppenheimer, Wolf und Brentano sind für die moderne „Bevölkerungsökonomie" unserer Tage nicht nur interessant, sondern von geradezu aktueller Bedeutung. So wurden z.B. die Grundlagen der heutigen Bevölkerungsökonomie von Lujo Brentano in einer bereits im Jahr 1909 publizierten Schrift entwickelt. Sie blieben jedoch außerhalb Deutschlands weitgehend unbekannt. Für die differenzierte Ausarbeitung dieser Gedanken erhielt der Amerikaner Gary S. Becker vor einigen Jahren den Nobelpreis für Wirtschaftswissenschaften. Die Grundlage seines mikroökonomischen Ansatzes für die Erklärung der Fertilität im allgemeinen und der niedrigen Geburtenraten in entwickelten Ländern wie Deutschland im besonderen hat Brentano mit folgenden Worten zusammengefaßt: „Mit zunehmendem Wohlstand und zunehmender Kultur wächst die Mannigfaltigkeit der Bedürfnisse der Menschen, und mit dem Auftreten anderer Bedürfnisse macht sich ... das Gossensche Gesetz geltend, wonach der nach der größten Summe des Wohlgefühls strebende Mensch mit der Befriedigung eines Bedürfnisses da abbricht, wo ein Fortfahren in seiner Befriedigung ihm geringeren Genuß bereiten würde, als die Befriedigung eines anderen Bedürfnisses, auf die er sonst verzichten müßte. Der Mensch bricht mit der Kindererzeugung da ab, wo die Mehrung der Kinderzahl ihm geringere Befriedigung schafft, als andere Genüsse des Lebens, die ihm sonst unzugänglich würden ..." (München 1909) Gegen die moralphilosophische These von Malthus, derzufolge die höhere Geburtenrate der Unterschicht auf deren moralischer Minderwertigkeit beruht, formuliert Brentano: „Wenn jemand, vor die Wahl zwischen zwei Genüssen gestellt, den einen dem anderen vorzieht, so ist dies augenscheinlich an sich weder sittlich noch unsittlich." Brentano plädierte dafür, bei der Erörterung so komplexer Probleme wie der Ursachen der Fertilität, die wertenden Aussagen klar von den beschreibenden bzw. lediglich feststellenden Sachaussagen zu trennen, eine Forderung, die später unter dem Einfluß von Max Weber in der modernen Sozialwissenschaft als Grundlage wissenschaftlichen Arbeitens allgemein anerkannt wurde.

So wie Oppenheimer stellt auch Brentano einen zentralen Malthusianischen Lehrsatz auf den Kopf: Das Sinken der Geburtenrate ist nicht, wie Malthus behauptet hatte, die entscheidende Voraussetzung, um *anschließend* durch politische und ökonomische Reformen eine Verbesserung der Lage der arbeitenden Klassen herbeiführen zu können, vielmehr bewirkt die Verbesserung der Lebensbedingungen der Arbeiter *automatisch* einen Rückgang und nicht einen Anstieg der Geburtenrate. Aus diesem Grund führt der weltweit wachsende Wohlstand nach Brentano zu einer Abnahme der globalen Geburtenrate und zu einer Verlangsamung des Weltbevölkerungswachstums, bis das Wachstum ganz zum Stillstand kommt.

Auch wenn das Wachstum der Weltbevölkerung nicht eine Folge zunehmender Geburtenraten, sondern abnehmender Sterberaten war, so kam der Fertilität doch eine besondere Bedeutung zu, weil sich die Geburtenraten der Länder stark voneinander unterschieden. Sie waren z.B. in Osteuropa höher als in Westeuropa. Hierauf gründete sich die Furcht der Bevölkerungstheoretiker des 19. und frühen 20. Jahrhunderts vor einem demographischen Bedeutungsverlust der westlichen Länder und vor einer biologischen Degeneration der Kulturvölker. Schon Charles Darwin, der Malthus bewunderte und der sein „Bevölkerungsgesetz" beinahe kritiklos übernahm, hatte davor gewarnt, bei der Senkung der Geburtenrate der Unterschicht zu weit zu gehen, denn durch eine allzu niedrige Fortpflanzungsrate würde das zahlenmäßige Bevölkerungspotential übermäßig verringert werden – ein Potential, das aus Darwins Sicht gar nicht groß genug sein konnte, um die Auslese der Tüchtigen und Höherwertigen möglichst effektiv zu machen. Bei aller Modernität, die Brentanos Leistung auszeichnet, ist sein Beitrag im Hinblick auf den damaligen Zeitgeist durchaus konventionell und durchschnittlich: Brentano beschwört die Gefahren einer zu niedrigen Geburtenrate ebenso wie Charles Darwin und viele andere Gelehrte des 19. und 20. Jahrhunderts. Diese Gelehrten trösteten sich über den demographischen Bedeutungsverlust der „Kulturvölker" mit Überlegungen, die Brentano so formulierte: „Ein Volk, das seinen Zuwachs auf diese Weise (d.h. durch eine hohe Geburtenrate, d.V.) erzielt, wird nie zum Herrenvolk aufsteigen. Ganz anders, wo ein Volk den gleichen Bevölkerungszuwachs bei niederer Geburtenziffer, aber noch geringerer Sterbeziffer aufweist. Nur da kann eine Rasse sich zum Herrenvolke entwickeln, das jenen Völkern gebietet, deren Zunahmeverhältnis nur durch die Momente, die auch das der Tiere bestimmen, beherrscht wird" (Brentano, 1909). Die weltgeschichtlichen Konsequenzen dieser Ideen, die damals in allen westlichen „Kulturländern" verbreitet waren, sind bekannt.

Kurz nach dem Zweiten Weltkrieg veröffentlichte Gerhard Mackenroth seine *Bevölkerungslehre,* die bis dahin detaillierteste Form der Transformationstheorie. Der Ausgangspunkt Mackenroths war nicht mehr die Widerlegung von Malthus' „Bevölkerungsgesetz" – diese Aufgabe schien durch die Arbeiten von Oppenheimer, Wolf und Brentano bereits erledigt –, sondern die Abkehr von der Biologie als Leitwissenschaft der Bevölkerungstheorie und die Hinwendung zu einer „historisch-soziologischen" Betrachtungsweise in der Bevölkerungswissenschaft.

Die von den Vorgängern Mackenroths entwickelte und von ihm ergänzte und erweiterte Transformationstheorie enthält zwei Kernthesen. In der Sekundärliteratur und in der populärwissenschaftlichen Literatur wird meist nur die erste These referiert. Die Tragweite der zweiten These ist aber größer als die der ersten, denn die zweite These erwies sich als falsch. *Erste These:* Die Industrieländer vollzogen im Verlauf ihrer sozio-ökonomischen Entwicklung einen Übergang von einer „vorindustriellen Bevölkerungsweise", die durch eine hohe Geburten- und Sterberate gekennzeichnet war, zu einer „industriellen Bevölkerungsweise" mit niedriger Geburten- und Sterberate. Die Differenz zwischen Geburten- und Sterberate – die Wachstumsrate der Bevölkerung – war sowohl in der vorindustriellen Phase als auch in der industriellen Phase nach Vollzug des Übergangs relativ niedrig (rd. ein Prozent), aber in der Zwischenphase des Übergangs, die je nach Land mehrere Jahrzehnte umfaßte, vergrößerte sich die Wachstumsrate, weil der Rückgang der Sterberate schon begann, während die Geburtenrate noch unverändert hoch blieb, bis auch sie dem Rückgang der Sterberate mit zeitlicher Verzögerung nachfolgte, so daß sich die Schere zwischen beiden wieder schloß und die Wachstumsrate wieder auf ein niedriges Niveau fiel. *Zweite These:* Auch nach Abschluß des demographischen Übergangs bleibt die Differenz zwischen Geburtenrate und Sterberate größer als Null, d.h. die *natürliche Wachstumsrate ist immer noch positiv,* wenn auch nicht sehr hoch, weil die Geburtenrate allenfalls vorübergehend unter das für die langfristige Bestandserhaltung der Bevölkerung erforderliche Mindestniveau (= „Ersatzniveau" der Fertilität) sinken kann, aber auf Dauer doch ausreicht, um zumindest die Bestandserhaltung der Bevölkerung auch ohne permanente Einwanderungsüberschüsse zu garantieren.

Die erste These der Transformationstheorie wurde durch historisch-demographische Untersuchungen für die vergangenen anderthalb Jahrhunderte für eine Vielzahl europäischer Länder und Regionen bestätigt. Die zweite These erwies sich dagegen später für nahezu alle Industrieländer als falsch. Auch für die sich rasch entwickelnden, ökonomisch prosperierenden Regionen und Schwellenländer in Asien und Südamerika zeichnet sich schon ab, daß sich die zweite These im 21. Jahrhundert als unzutreffend erweisen dürfte. Demographen sprechen deshalb seit den 80er Jahren von einem *„Zweiten demographischen Übergang"* in Europa. Mit diesem Begriff soll ausgedrückt werden, daß die Lebendgeborenenzahl pro Frau in fast allen Industrieländern das für die langfristige Bestandserhaltung der Bevölkerung erforderliche Mindestniveau unterschritten hat, und zwar nicht nur vorübergehend, wie dies auch früher schon in historischen Ausnahmesituationen wie der Weltwirtschaftskrise von 1932 oder nach den beiden Weltkriegen in Deutschland der Fall war, sondern dauerhaft. Als Konsequenz des zweiten demographischen Übergangs sinkt z.B. in Deutschland die Bevölkerungszahl (ohne Einwanderungen) schon seit zweieinhalb Jahrzehnten.

In *Schaubild 1* sind der erste und der zweite demographische Übergang mit ihren insgesamt sechs Phasen dargestellt. Die ersten fünf Phasen beschreiben den ersten Übergang. In *Phase I* sind sowohl die Geburtenrate als auch die Sterberate relativ hoch, die Wachstumsrate als Differenz zwischen beiden ist jedoch relativ niedrig, sie liegt zwischen Null und einem Prozent (siehe unterer Teil des Schaubildes). In *Phase II* beginnt die Sterberate zu sinken (– je nach Land beginnt dieser Prozeß ab der Mitte des 19. Jahrhunderts –), während die Geburtenrate noch unverändert hoch bleibt, so daß die Wachstumsrate zunimmt. In *Phase III* sinkt die Sterberate auf

Schaubild 1: Phasen des ersten und zweiten demographischen Übergangs in Europa

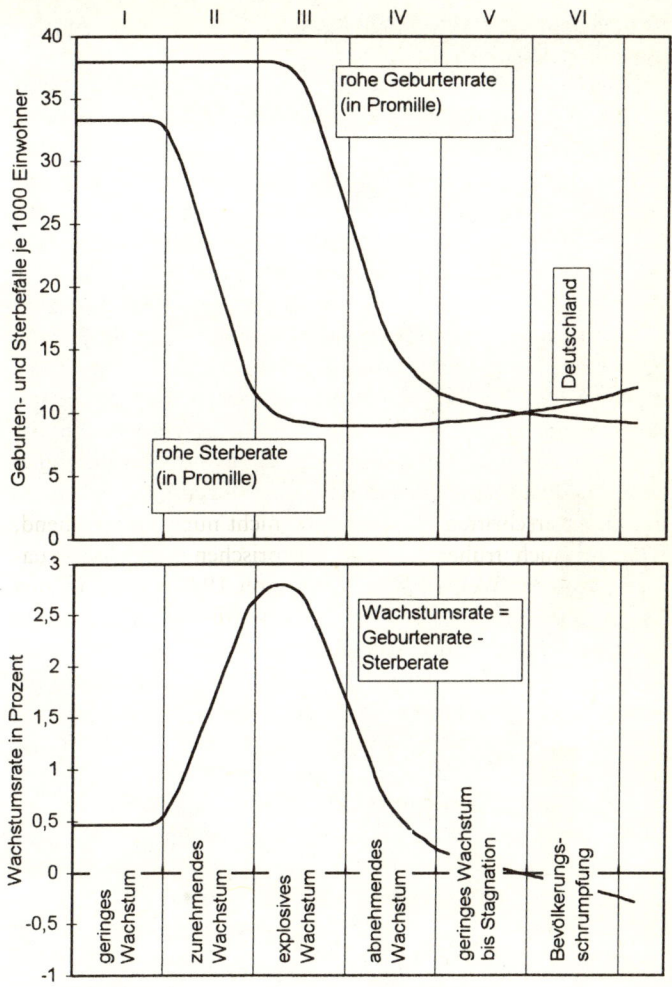

sehr niedrige Werte, die Geburtenrate ist immer noch hoch, und die Wachstumsrate erreicht ihr Maximum. Diese Phase zunehmender Wachstumsraten wird in der Demographie als *hypergeometrisches Bevölkerungswachstum* bezeichnet, in der populärwissenschaftlichen Literatur wird häufig der Ausdruck *Bevölkerungsexplosion* gebraucht, der aber den Sachverhalt nicht trifft, weil das Bevölkerungswachstum einem lawinen- artig anschwellenden Vorgang von hoher Regelhaftigkeit gleicht und nicht einem punktuellen, chaotischen Ereignis, wie es eine Explosion darstellt. In *Phase IV* beginnt auch die Geburtenrate zu sinken, und die Wachstumsrate nimmt wie- der ab. In *Phase V* sinkt die Geburtenrate weiter, die Wachs- tumsrate wird sehr klein, die Bevölkerung wächst nur noch langsam oder stagniert. In *Phase VI* schneiden sich die Kurven der Geburten- und Sterberate, die Geburtenrate ist kleiner als die Sterberate, die Wachstumsrate ist negativ, und das betref- fende Land tritt in die Phase der Bevölkerungsschrumpfung ein. In dieser Phase befinden sich die meisten westeuropäi- schen Länder sowie Japan. Wenn das Geburtendefizit nicht durch Einwanderungen ausgeglichen wird, schrumpft die Be- völkerung permanent. Dabei erhöht sich gleichzeitig das Durchschnittsalter der Bevölkerung. Auch in Ländern wie Deutschland, in die viele jüngere Menschen aus dem Ausland zuwandern, erhöht sich das Durchschnittsalter. Grund: Auch die Zugewanderten altern, so daß z.B. die im Alter 35 Zuge- wanderten 30 Jahre später die Zahl der 65jährigen noch ver- größern (siehe *Schaubild 4 mit Alterspyramiden* sowie *Schau- bild 12*).

Schaubild 2 zeigt den historischen Verlauf der Geburten- und Sterberate in Westeuropa im Vergleich zu den heutigen Entwicklungsländern. Dabei wird ein wichtiger Sachverhalt deutlich: 1. Die Geburtenrate der heutigen Entwicklungslän- der ist beträchtlich höher als die Geburtenrate der Industrie- länder im Verlauf ihrer Entwicklung jemals war. 2. Die Ster- berate der heutigen Entwicklungsländer ist trotz schlechter Gesundheits- und Lebensbedingungen wegen der außerordent- lich jungen Altersstruktur und wegen der Fortschritte der Me-

Schaubild 2: Demographischer Übergang in Westeuropa im Vergleich zu den Entwicklungsländern

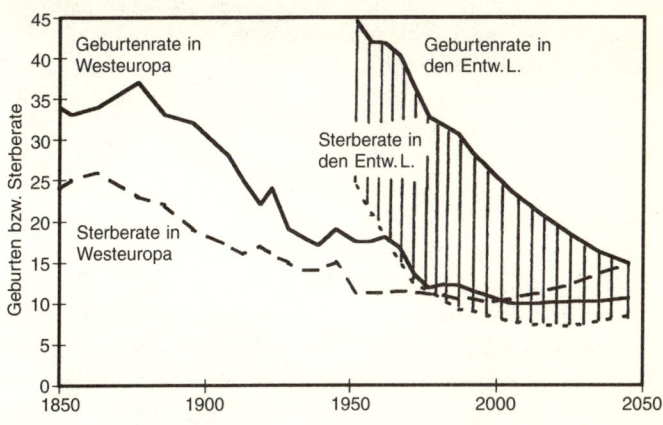

Schaubild 3: Rohe Geburtenrate und rohe Sterberate der Länder und Ländergruppen 1990–95

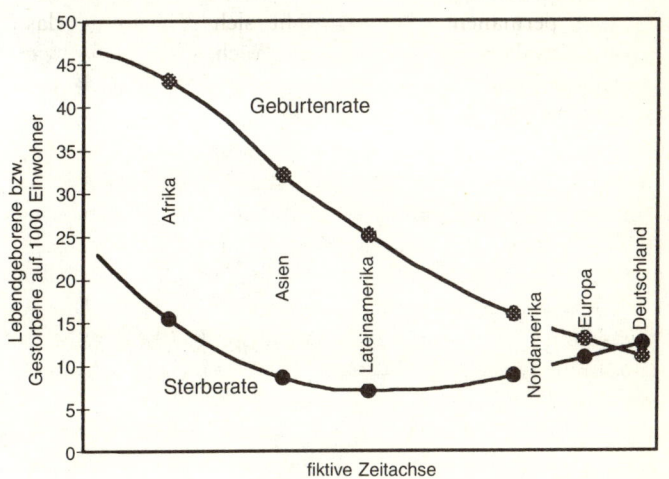

dizin bei der Seuchenbekämpfung *niedriger* als die Sterberate in den Industrieländern vor ein- oder zweihundert Jahren. Die hohe Geburtenrate und die niedrige Sterberate der heutigen Entwicklungsländer erklärt, warum ihre Wachstumsrate, wie oben dargestellt, heute um mehr als das Doppelte höher ist als die Wachstumsrate der Industrieländer im 18. und 19. Jahrhundert.

In *Schaubild 3* sind die Ländergruppen von links nach rechts nach der Höhe ihrer Geburtenrate eingetragen. Das Schaubild unterscheidet sich von den beiden anderen dadurch, daß die horizontale Achse nun nicht mehr als Zeitachse interpretiert werden kann, denn die Geburten- und Sterberaten wurden für alle eingetragenen Ländergruppen in der *gleichen* Periode gemessen, nämlich für die erste Hälfte der 90er Jahre. Trotzdem suggeriert das Schaubild einen zeitlichen Verlauf von links nach rechts. Dies ist beabsichtigt, denn wenn die Aussagen der Transformationstheorie, die für die Industrieländer entwickelt wurde, allgemeingültig sind, lassen sich die Aussagen auf die heutigen Entwicklungsländer übertragen. Dann kann jedes Land bzw. jede Ländergruppe gemäß seiner Geburten- und Sterberate einer bestimmten Phase des demographischen Übergangs zugeordnet werden. Unter der Voraussetzung der Verallgemeinerbarkeit der Transformationstheorie läßt sich dann folgern, daß der Entwicklungsrückstand eines Landes umso größer ist, je weiter links es in dem Schaubild eingetragen ist. Am weitesten zurück liegt Afrika, es befindet sich noch immer in der *Phase III* des demographischen Übergangs, in der die Wachstumsraten am höchsten sind. Südamerika und Asien (mit Ausnahme Japans und der Schwellenländer Südostasiens) befinden sich in *Phase IV* mit abnehmenden Wachstumsraten, Osteuropa in *Phase V* (Stagnation) und Westeuropa in *Phase VI* (Bevölkerungsschrumpfung ohne Einwanderungen).

Die hier skizzierte Übertragung der für die europäischen Länder entwickelten Transformationstheorie auf die heutigen Entwicklungsländer ist üblich, zumal sie zu plausiblen Ergebnissen zu führen scheint. Trotzdem muß vor einer pau-

Schaubild 4: Altersaufbau idealtypischer Bevölkerungspyramiden

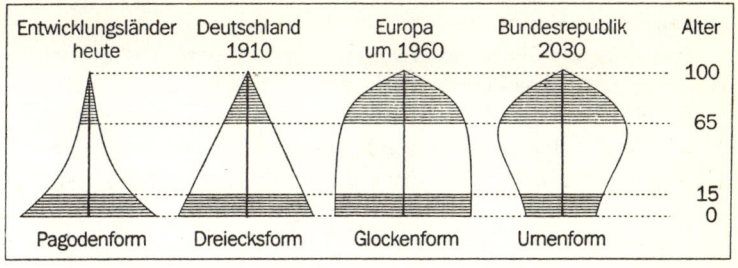

(nach links ist die Zahl der Männer abgetragen, nach rechts die der Frauen)

schalen Verallgemeinerung gewarnt werden, denn noch steht nicht fest, ob z.B. die Abnahme der Geburtenrate in Afrika der schon vorausgeeilten Abnahme der Sterberate mit der gleichen Geschwindigkeit und Intensität nachfolgen wird, wie das vor 100 Jahren in Europa und in den beiden vergangenen Jahrzehnten in einigen asiatischen und südamerikanischen Ländern zu beobachten war. Es muß sich erst noch erweisen, ob in Afrika die für das generative Verhalten wichtigen kulturellen Traditionen, die durch besonders pronatalistische religiöse Glaubensvorstellungen geprägt sind, die verhaltensändernden Effekte der wirtschaftlichen und gesellschaftlichen Entwicklung nicht vielleicht stärker kompensieren als dies in anderen Kulturräumen der Fall war.

Vor einer allzu schematischen Übertragung der Transformationstheorie muß aber vor allem auch deshalb gewarnt werden, weil sie den wichtigen Unterschied außer acht läßt, daß die europäischen Industrieländer wesentlich mehr Zeit brauchten, um die Transformation von der vorindustriellen zur industriellen Phase zu vollziehen, als den Entwicklungsländern heute zur Verfügung steht. Der demographische Übergang beanspruchte in den Industrieländern ein halbes bis ein ganzes Jahrhundert. Die Länder Afrikas müssen den Übergang in wesentlich kürzerer Frist vollziehen, denn je mehr Zeit die Übergangsphase beansprucht, desto ungünstiger wirkt sich das rasche Bevölkerungswachstum auf die Entwicklungsbedingungen aus. Bei einer Wachstumsrate von z.B. 2% verdoppelt sich eine Bevölkerung in 35 Jahren, bei einer Wachstumsrate von 3% schon in 23 Jahren. Die Wachstumsrate Afrikas betrug in der zweiten Hälfte der 90er Jahre 2,7%. Bliebe sie konstant, würde sich die Bevölkerung in 26 Jahren verdoppeln bzw. in 52 Jahren vervierfachen. Die Bevölkerungszahl Afrikas würde dann von 1995 bis 2047 von 728 Millionen auf 2,912 Milliarden zunehmen!

Um die positiven Veränderungen zu erreichen, die in der Bedeutung des Begriffs Entwicklung enthalten sind, bedarf es vor allem anderen der Zeit. Wirtschaftlicher, sozialer und gesellschaftlicher Wandel sowie demographischer Wandel sind ohne parallele kulturelle Veränderungen unmöglich. Kulturelle Veränderungen lassen sich nicht anordnen oder durch Entwicklungshilfegelder erkaufen, sie müssen reifen. Wie schwierig dieser Reifungsprozeß in Europa war, zeigt ein kurzer Blick auf die mit dem demographischen Transformationsprozeß verbundenen ökonomischen und sozialen Begleitprozesse. Dabei lassen sich fünf ineinandergreifende Entwicklungsstränge unterscheiden:

(I) In Westeuropa erleichterte und förderte das liberale Wirtschaftsprinzip zuerst in England, später auch auf dem Kontinent, die ökonomische Umsetzung der Erkenntnisse der Naturwissenschaften in der betrieblichen und volkswirtschaftlichen Güterproduktion, so daß das Sozialprodukt und das Pro-Kopf-Einkommen stetig stiegen. Die wichtigste volkswirtschaftliche Voraussetzung der Einkommenssteigerungen war auf seiten des Kapitals eine Vertiefung der Arbeitsteilung zwischen den Wirtschaftszweigen und auf seiten der Arbeit eine Intensivierung der beruflichen Spezialisierung durch eine verbesserte Ausbildung. (II) Arbeitsteilung und Spezialisierung bewirkten eine Erhöhung des Güteraustauschs in Form von Vor- und Zwischenprodukten auf den verschiedenen Stufen der volkswirtschaftlichen Produktionsleiter und eine allgemeine Intensivierung der ökonomischen Austauschbeziehungen und Lieferverflechtungen zwischen den Produktionsstätten, Bevölkerungsgruppen, Siedlungen und regionalen Lebensräumen, was den Umfang und die Intensität der sozialen Interaktionen vergrößerte und die regionale, soziale und biographische Mobilität der Menschen erhöhte – eine entscheidende Voraussetzung für das Entstehen funktionsfähiger Arbeitsmärkte. (III) Eine der wichtigsten ökonomischen Folgen der immer tiefer werdenden Arbeitsteilung war neben der steigenden Produktivität (= produzierte Gütermenge pro Arbeitskraft) das Wachstum der Kapitalintensität (= Menge an physischem und geistigem Produktionskapital pro eingesetzter Arbeitskraft). Das Wachstum der Kapitalintensität erzwang den Übergang zu größeren Betrieben mit rationalisierten Massenfabrikationsverfahren und größeren Beschäftigtenzahlen, wodurch das Städtewachstum entscheidende Impulse empfing. (IV) Eine der wichtigsten Konsequenzen des Städtewachstums und der Urbanisierung war das Entstehen von neuen, außerlandwirtschaftlichen Arbeitsplätzen im Handwerk, in der Leichtindustrie und im Dienstleistungsbereich (Tertiärer Sektor). Ein Teil dieser Arbeitsplätze stand vor allem auch für Frauen offen. (V) Arbeitsteilung und berufliche Spezialisierung führten zu einer explosionsartigen Erweiterung des Spektrums beruflicher Werdegänge, wodurch sich auch das Spektrum biographischer Entwicklungsmöglichkeiten – das *biographische Universum* der Individuen – verbreiterte. In den Städten war dieser Prozeß umso intensiver, je vielfältiger die Wirtschaftsstruktur und je größer das daraus resultierende Spektrum an beruflichen Tätigkeitsfeldern und ökonomischen Existenzmöglichkeiten war. Die in den Städten größere Dichte der zwischenmenschlichen Interaktion und Kommunikation trug entscheidend dazu bei, daß sich traditionelle, insbesondere kirchliche Normen und Bindungen lockerten. Auf diese Weise erhöhte sich die Offenheit und Toleranz gegenüber anderen Lebensformen, so daß die größere individuelle Wahlfreiheit hinsichtlich der beruflichen Werdegänge und Existenzmöglichkeiten auch in bewußte biographische Entscheidungen für die individuelle Lebensplanung und -gestaltung umgesetzt werden konnte.

Diese fünf Begleitprozesse des demographischen Wandels änderten die Entwicklungsbedingungen der individuellen Biographien auf eine fundamentale Weise: Die Biographie des einzelnen war weniger als früher durch die Herkunftsfamilie vorherbestimmt, durch soziale Muster vorgeprägt oder durch gesellschaftliche Normen reguliert, sondern wurde mehr und mehr als ein Projekt der einzelnen Persönlichkeit begriffen, das es durch selbstverantwortete Entscheidungen der Individuen zu verwirklichen galt. Ebenso wie die Biographie als Ganzes wurden die zentralen, den Lebenslauf bestimmenden Elemente einer Biographie wie die Bindung an einen Partner, die Eheschließung und die Entscheidung für ein Kind von den Individuen nicht länger nur als eine Verwirklichung von vorgegebenen Lebenslaufmustern vollzogen, sondern als das Ergebnis von biographischen Entwicklungsschritten aufgefaßt, die zumindest in der idealisierten Vorstellung über den Charakter moderner Biographien als Ergebnisse bewußter, persönlicher Entscheidungen begriffen wurden. Die Frage, an welchen Entscheidungskriterien sich biographische Entscheidungen orientieren, welchen Beschränkungen die biographische Wahlfreiheit unterliegt und von welchen Leitbildern und Werten sich die Individuen leiten lassen, kennzeichnet den neuen Optimierungscharakter von Lebenslaufentscheidungen, wobei das Wesentliche darin besteht, daß Biographien nun als persönliche Projekte aufgefaßt wurden, in deren Rahmen die Entscheidungen für bzw. gegen Kinder mit anderen biographischen Grundentscheidungen abgestimmt und koordiniert werden mußten.

Die Analyse der biographischen Entwicklungsbedingungen, denen die Individuen in modernen Gesellschaften unterliegen, bildete die Grundlage für die Erklärung der extrem niedrigen Geburtenrate im zweiten demographischen Übergang. In meiner *Biographischen Theorie der Fertilität* (Birg 1991 u. 92) sind ökonomische, soziologische und entwicklungspsychologische Erklärungsansätze des generativen Verhaltens zu einer Theorie vereinigt. Abgesehen von ihrer Zielsetzung im Rahmen der wissenschaftlichen Grundlagenforschung hat sich die

Theorie als ein brauchbares Instrument für die Erarbeitung realistischer Weltbevölkerungsprojektionen erwiesen, denn sie erklärt nicht nur die Entwicklung hin zu einem extrem niedrigen Fertilitätsniveau in den westlichen Industrieländern, sondern auch das erstaunlich niedrige und weiter abnehmende Fertilitätsniveau in bestimmten Ländern und Regionen Lateinamerikas und Asiens, vor allem in Japan, Hong Kong, Südkorea, Singapur, Thailand und teilweise auch schon Indonesien – Gebiete, deren wirtschaftliche Dynamik zu ähnlichen biographischen Entwicklungsbedingungen geführt hat wie in den westlichen Industrieländern. Trotz starker Unterschiede hinsichtlich ihrer Geschichte, Religion und Kultur ist diesen dynamischen Wirtschaftsregionen ein schon mit europäischen Verhältnissen vergleichbares niedriges Fertilitätsniveau gemeinsam, so daß Demographen von einer „Revolution des generativen Verhaltens" in Asien sprechen (R. Leete und I. Alam, 1993).

Die Kernthese der biographischen Fertilitätstheorie ist, daß das Risiko irreversibler langfristiger Festlegungen im Lebenslauf unter den Bedingungen eines permanenten Wandels der ökonomischen, sozialen, gesellschaftlichen und kulturellen Lebensbedingungen zugenommen hat und weiter zunehmen muß. In einer instabilen, von einer permanenten Veränderungsdynamik geprägten Welt ist es rational, irreversible langfristige Festlegungen im Lebenslauf zu vermeiden, um die biographische Entscheidungsfreiheit nicht zu verlieren. Deshalb wurden und werden die familialen langfristigen Festlegungen im Lebenslauf wie die Bindung an einen Partner und die Geburt eines Kindes in eine spätere Lebenslaufphase aufgeschoben oder ganz vermieden. Die Vermeidung langfristiger Festlegungen im Lebenslauf dient insbesondere dazu, berufliche Optionen offen zu halten und die Anpassungsfähigkeit an die Anforderungen der Arbeitsmärkte durch eine möglichst hohe Mobilitätsfähigkeit zu bewahren. Eine hohe Mobilität und Flexibilität wird auch von der Wirtschafts- und Arbeitsmarktpolitik propagiert und von jedem einzelnen gefordert, um damit die Arbeitsmärkte funktionsfähig zu halten, die Arbeitslosigkeit zu minimieren und die für ein möglichst hohes Pro-Kopf-Einkommen notwendige Produktivität zu maximieren.

Die ungewollte demographische Konsequenz dieser Entwicklungstrends ist die permanente Zunahme des Anteils der Frauen an einem Jahrgang, der zeitlebens kinderlos bleibt. Die niedrige Geburtenrate ist z.B. in Deutschland in erster Linie eine Folge des Anstiegs des Anteils der lebenslang kinderlosen Frauen, nicht etwa, wie fälschlicherweise immer wieder behauptet wird, ein Anstieg der Häufigkeit der Ein-Kind-Familie. Wenn Menschen trotz der damit verbundenen biographischen Festlegungsrisiken die Entscheidung für die Gründung einer Familie treffen, dann haben sie wesentlich häufiger zwei Kinder als eins. Die Zwei-Kinder-Familie und nicht die Ein-Kind-Familie ist die typische und häufigste Familienform. (Dies ist das Ergebnis einer wissenschaftlichen Untersuchung im Auftrag der Bundestagsenquete-Kommission „Demographischer Wandel" für Deutschland, s. Birg u. Flöthmann 1996.) Es dürfte in ähnlicher Form auch für die anderen westlichen Industrieländer und für die dynamischen Wirtschaftsregionen in Asien zutreffen.

Das in solchen demographischen Kennziffern zum Ausdruck kommende generative Verhalten erscheint im Hinblick auf die biographische Entscheidungslogik durchaus als rational: Die biographische Entscheidungsfreiheit wird durch das erste Kind so gravierend eingeschränkt, daß man sagen könnte, daß die Eltern fortan in einer anderen Welt leben. Diese Welt ändert sich durch ein zusätzliches zweites Kind bei weitem nicht so dramatisch wie dies beim Übergang von einem Leben ohne Kinder zum Leben in Elternschaft geschieht. Ein-Kind-Familien sind im Vergleich zu einem Leben ohne Kinder eine grundsätzliche, lebenslaufbestimmende Alternative, während sie im Vergleich zur Familie mit zwei Kindern eher als eine Vorstufe anzusehen sind, die durch das zweite Kind mehr vollendet als ein weiteres Mal entscheidend verändert wird.

6. Die Bevölkerungsentwicklung im System sozio-ökonomischer und demo-ökonomischer Wechselwirkungen

Das Malthusianische „Bevölkerungsgesetz" (und seine im Schlußkapitel dargestellte Weiterentwicklung zur ökologischen Rettungsboot-Ethik) bildet den Kern einer umfassenden Bevölkerungstheorie, die über die Erklärung der demographischen Entwicklung i.e.S. hinauszielt. Gegenstand der Theorie ist die Erklärung der Zusammenhänge zwischen der Geburtenrate und der Sterberate und deren gemeinsamen Einfluß auf die Wachstumsrate der Bevölkerung. Hierfür werden das Heiratsverhalten, das generative Verhalten und das Wanderungsverhalten in ihrer Abhängigkeit von wirtschaftlichen, gesellschaftlichen und politischen Faktoren analysiert und in einen Gesamtzusammenhang mit den komplexen Fragen der Moral und Ethik gestellt. Man kann deshalb sagen, daß es sich bei dem „Bevölkerungsgesetz" um eine sozialphilosophische, demographisch begründete Theorie der Moral handelt, deren Anspruch (ebenso wie der Versuch eines demographischen Gottesbeweises durch J. P. Süßmilch) weit über den Erklärungsanspruch einer Bevölkerungstheorie i.e.S. hinausreicht. Im Vergleich zu diesen ganzheitlichen Interpretationen der Bevölkerungsentwicklung sind die späteren Entwicklungen der Demographie einerseits bescheidener, andererseits exakter und nachprüfbarer.

Die moderne demographische Forschung ist gekennzeichnet durch eine intensivierte wissenschaftliche Arbeitsteilung: *Fertilität* und *Mortalität* verselbständigten sich zu eigenständigen Forschungsgebieten. Zwar ging die nachmalthusianische Transformationstheorie immer noch von einem Zusammenhang zwischen der Entwicklung der Geburtenrate und der Sterberate aus, aber die Grundthese der Transformationstheorie, daß auf das Sinken der Sterberate mit einer gewissen Verzögerung das Sinken der Geburtenrate folgt, gilt heute nicht mehr als eine ausreichend begründete theoretische Hypothese, sondern wird nur noch als eine (mehr oder weniger zutreffende) Deskription des historischen Verlaufs der Geburten- und Sterberate betrachtet. Die Erklärung dafür, warum auf das Sinken der Sterberate ein Sinken der Geburtenrate zwingend folgen *muß*, hat die Theorie der demographischen Transformation nicht geliefert. Nach Ansicht von G. Mackenroth fehlt ihr auch in anderer Hinsicht das wichtigste Kernstück, das jede Theorie bieten muß, nämlich die Zurückführung der Hauptzusammenhänge auf elementare, nicht weiter reduzierbare Grundtatbestände. Diese Lücke versucht die biographische Theorie der Fertilität zu schließen, auf die im folgenden näher eingegangen wird.

In den klassischen sozialwissenschaftlichen Theorien des 18. Jahrhunderts bildeten die vier Systeme Bevölkerung, Wirtschaft, Gesellschaft und Umwelt noch eine selbstverständliche Einheit. Dabei wurde dem Bereich Umwelt bereits eine zentrale Bedeutung beigemessen, was im Verlauf des 19. und 20. Jahrhunderts allmählich in Vergessenheit geriet. Eines der wichtigsten Probleme, dem sich die Bevölkerungstheoretiker von allem Anfang an stellten, galt der (damals schon so bezeichneten) Frage der „Tragfähigkeit" des Planeten Erde. Diese Einheit der Probleme ist infolge der Ausdifferenzierung der Einzelwissenschaften im Verlauf des 19. und 20. Jahrhunderts und durch die immer intensivere Arbeitsteilung zwischen den einzelnen Disziplinen heute fast aus dem Blick geraten. Seit den 60er und 70er Jahren hat sich aber der reale, durch das weltweite Wirtschafts- und Bevölkerungswachstum und die internationale ökonomische und politische Entwicklung entstandene Problemdruck so erhöht, daß eine die Grenzen der Einzeldisziplinen überspringende Betrachtung der Bereiche Bevölkerung, Wirtschaft, Gesellschaft und Umwelt unumgänglich wurde. Dabei schließt die moderne Entwicklung wieder an die klassische Fragestellung der „Tragfähigkeit" an, ohne allerdings der Tatsache ausweichen zu können, daß die beiden klassischen Theorien in bezug auf die Frage der Tragfähigkeit in einem antagonistischen Gegensatz zueinander stehen und einander widersprechende Antworten bereithalten, die konsequenterweise auch in miteinander unvereinbaren ethischen Handlungsempfehlungen münden.

Die vier Systeme Bevölkerung, Wirtschaft, Gesellschaft und Umwelt sind durch eine kaum zu überschauende Vielzahl von Einzelbeziehungen miteinander verflochten. Hinzu kommt, daß sich jede einzelne Beziehung auf mehreren Ebenen analysieren läßt. So unterscheidet man z.B. die Individual- oder Mikro-Ebene, bei der beispielsweise das Konsumverhalten einzelner Haushalte oder Individuen untersucht wird, von der Makro-Ebene, bei der die Summe aller Konsumentenentscheidungen in ihrer Wirkung auf andere volkswirtschaftliche Makro-Größen wie das Investitionsvolumen im Zentrum des Interesses steht. Zwischen der Mikro- und der Makro-Ebene gibt es Zwischenebenen, z.B. die wichtige regionale Ebene, wobei die nationale Ebene der Volkswirtschaft aus globaler Sicht lediglich eine besondere, hochaggregierte Form der regionalen Ebene darstellt. Die Schwierigkeit besteht nun nicht so sehr darin, Kenntnislücken zu schließen, um einen möglichst vollständigen Katalog wenigstens der wichtigsten Wirkungsbeziehungen innerhalb und zwischen den Systemen zu erhalten; viel schwieriger ist es, die Menge des schon vorhandenen, kaum noch überblickbaren Wissens so zu ordnen, daß sich die einzelnen Beziehungen zu einem überschaubaren System zusammenfügen, das dann als Grundlage zur Bearbeitung bestimmter Fragen dienen kann. In der Volkswirtschaftslehre werden z.B. Hunderte und Tausende solcher Einzelbeziehungen zwischen Größen wie Konsum, Investition, Sparen, Import, Export, Inflation, Staatsquote usw. in Form von Gleichungen ausgedrückt und miteinander zu einem ökonometrischen System verbunden, das als Gleichungssystem auf modernen Computern die Analyse komplizierter Fragen ermöglicht.

Das entscheidende Problem ist dabei nicht, möglichst viele solcher Beziehungen zu berücksichtigen, sondern die wichtigen von den weniger wichtigen zu unterscheiden und die ausgewählten so zu einem System zu ordnen, daß die Wirklichkeit damit so einfach wie möglich und so zutreffend wie nötig beschrieben werden kann. Diese Aufgabe stellt sich auf analoge Weise in den Gesellschaftswissenschaften bei der Beschreibung des Systems Gesellschaft, sowie in der Bevölkerungswissenschaft und in den Umweltwissenschaften. Schließlich müssen diese Teilsysteme noch zu einem Gesamtsystem verbunden werden. Die Ergebnisse entsprechender Versuche werden auch als „Weltmodelle" bezeichnet (vgl. z.B. die Weltmodelle des „Club of Rome").

Das im oberen Teil des *Schaubildes 5* dargestellte System enthält die (aus meiner Sicht) wesentlichen Elemente der vier Teilsysteme. Die Beziehungen zwischen den Teilsystemen sind durch Pfeile gekennzeichnet. Hinter jedem dieser Pfeile steht eine Vielzahl von hier nicht darstellbaren Einzelbeziehungen, deren Zusammenfassung in einem Schema, das auf einer einzigen Seite eines Taschenbuchs Platz hat, natürlich problematisch ist. Wenn auch jede Beziehung für sich genommen einfach einzusehen oder sogar trivial ist, so kann ihre Verbindung zu einem System zu Schlußfolgerungen führen, die alles andere als trivial sind.

Einfach ist z.B. die Beziehung im oberen Teil des Schaubildes, die ausdrückt, daß die Wirtschaftstätigkeit zu einem Verbrauch von Rohstoffen und zu Umweltbelastungen führt, die sich in reversible und irreversible Schäden unterscheiden lassen, wobei das Artensterben und die inzwischen nachweisbar durch den Menschen und nicht (nur) durch natürliche Faktoren bedingte Erwärmung der Erdatmosphäre mit ihren Konsequenzen für die Klimaänderung bedrohliche Ausmaße erreicht haben (Pfeile A und B). Ebenso einfach einsehbar ist die Beziehung, die ausdrückt, daß eine hohe Effizienz des Teilsystems Wirtschaft eine Voraussetzung dafür ist, damit sich eine Gesellschaft die teuren Infrastruktursysteme (Bildung, Gesundheit, Kommunikation, Verkehr, Ver- und Entsorgungssysteme u.a.m.) und die noch teureren Systeme der sozialen Sicherung (in Deutschland die Rentenversicherung, Krankenversicherung, Arbeitslosenversicherung, Pflegeversicherung) und ein Rechts- und Verwaltungssystem leisten kann, von deren Funktionsfähigkeit umgekehrt das System Wirtschaft ab-

Schaubild 5: System sozio-ökonomischer und demo-ökologischer Wechselwirkungen

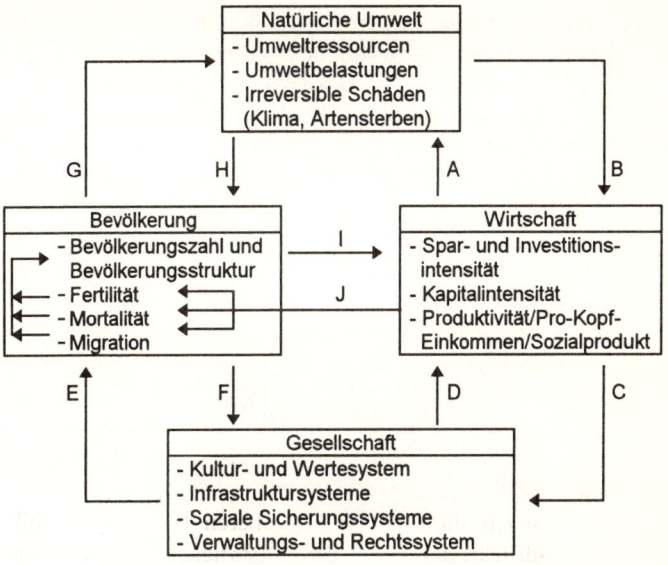

System demo-ökonomischer Wechselwirkungen
(Ausschnitt aus obigem Schaubild: Pfeile I und J)

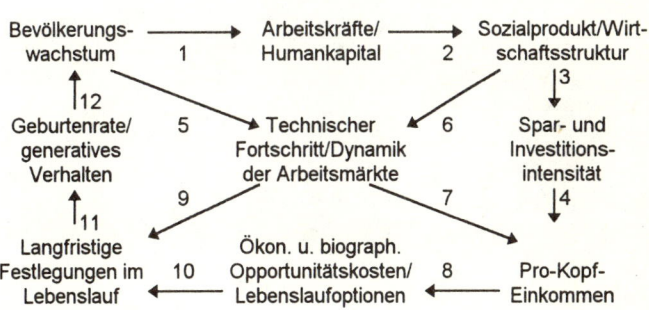

hängt (Pfeile C und D). Einfach sind auch viele Zusammenhänge zwischen den Systemen „Gesellschaft" und „Bevölkerung". Ein gut ausgebautes Gesundheitssystem erhöht z.B. die Lebenserwartung der Bevölkerung. Die Attraktivität der Lebensbedingungen in Regionen, die mit Kultur- und Bildungseinrichtungen und mit anderen Einrichtungen der sozialen Infrastruktur gut ausgestattet sind, bewirkt Migrationsströme zwischen den Regionen, durch die sich wiederum die regionale Bevölkerungsverteilung und die Struktur der regionalen Bevölkerungen ändern (Pfeil E), was wiederum Rückwirkungen auf die gesellschaftliche und ökonomische Struktur der Regionen hat (Pfeil F). Schließlich gibt es auch sehr einfache Beziehungen, die die Auswirkungen der Bevölkerungszahl und -struktur auf die Umwelt betreffen (Pfeil G), einschließlich deren Rückwirkungen, z.B. in der Gestalt von regionalen und internationalen Umweltflüchtlingen aus Gebieten mit zerstörtem Ökosystem (Pfeil H). All das ist jeweils für sich betrachtet einfach. Aber gilt das auch für die daraus abgeleiteten Aussagen, die den Entwicklungstrend des Gesamtsystems beschreiben?

Die Bedeutung der Fragen nach der Entwicklung des Systems als Ganzem wird deutlich, wenn wir die Beziehungen zwischen den Teilsystemen „Bevölkerung" und „Wirtschaft" betrachten. Diese demo-ökonomischen Wechselwirkungen sind im unteren Teil des *Schaubildes 5* herausgegriffen und gewissermaßen vergrößert dargestellt, indem ein Teil der Beziehungen, die im oberen Teil in den Pfeilen I und J stecken, in Form von 12 Pfeilen ausdifferenziert werden. Bei der Erläuterung des Systems soll hier die Frage der klassischen Bevölkerungstheorie untersucht werden, ob die Bevölkerung die Tendenz hat, unaufhörlich zu wachsen und den Nahrungsspielraum auszuschöpfen bzw. zu überschreiten, wie Malthus behauptete, oder ob das Wachstum „von selbst" zu einem Stillstand kommt, wie Süßmilch erkannte.

Beginnen wir (im unteren Teil des Schaubildes) bei der Bevölkerungszahl. Sie steht in einem direkten Verhältnis zur Arbeitskräftezahl, wobei wir hier der Einfachheit halber von zusätzlichen Einflüssen wie den alters- und geschlechtsspezifischen Besonderheiten des Erwerbsverhaltens und ihrem Einfluß auf die Arbeitskräftezahl absehen (Pfeil 1). Die Höhe der Arbeitskräftezahl beeinflußt ihrerseits die Größe des Sozialprodukts (Pfeil 2) und dieses das Ausmaß des volkswirtschaftlichen Spar- und Investitionsvolumens (Pfeil 3), von dem wiederum die Menge des in der Volkswirtschaft verfügbaren physischen Produktionskapitals (Fabrikationsanlagen, produktionsnahe Infrastruktursysteme) abhängt. Je größer der ökonomische Wert dieses physischen Produktionskapitals pro Arbeitskraft ist (= Kapitalintensität), desto größer ist der Wert der hergestellten Güter und Dienstleistungen pro Arbeitskraft (= Arbeitsproduktivität), und desto höher das Pro-Kopf-Einkommen (Pfeil 4). An dieser Stelle sei angemerkt, daß die hier beschriebenen Wirkungsbeziehungen fast alle Wechselwirkungen sind, so daß man sich bei jedem Pfeil zwei Spitzen vorstellen muß, eine für die Hauptwirkung, die andere für die Rückwirkung. Zur Vereinfachung wird hier nur die Hauptwirkung beschrieben.

Ein anderer Wirkungsstrang beginnt ebenfalls bei der Bevölkerungszahl und setzt sich auch bis zum Pro-Kopf-Einkommen fort: Es ist plausibel anzunehmen, daß in einer wachsenden Bevölkerung mit vielen jungen, gut ausgebildeten und mobilen Menschen, die über den neuesten Stand des wissenschaftlich-technischen Wissens verfügen, mehr Erfindungen gemacht und mehr Neuerungen durchgesetzt werden als in einer demographisch alternden Gesellschaft, in der die Menschen mehr einen betrachtenden, rückwärtsgewandten Lebensstil pflegen, der die Vorzüge der Gelassenheit, der Reife und des Rückzugs auf das Wesentliche betont. Jedenfalls wäre die umgekehrte Annahme, daß der technische Fortschritt um so intensiver ist, je älter eine Bevölkerung ist – bzw. die Annahme, daß zwischen Altersstruktur und technischem Fortschritt überhaupt kein Zusammenhang existiert – weniger plausibel (Pfeil 5).

Neben zahllosen anderen Einflußgrößen ist der technische Fortschritt auch davon abhängig, welchen Umfang die volkswirtschaftliche Produktion hat (Zwang zu technischen Neuerungen bei großen Stückzahlen, Serienfertigung, Automatisierung usw.). Deshalb führt ein weiterer Pfeil vom Sozialprodukt als Maß für die Menge an produzierten Gütern und Dienstleistungen zum technischen Fortschritt (Pfeil 6). Wir konzentrieren uns in diesem Schema auf die Höhe des Sozialprodukts als Quelle des technischen Fortschritts (weitere sind unter anderem die Qualität der Ausbildung und kulturelle Faktoren wie das Leistungsstreben) und kehren zum Pro-Kopf-Einkommen zurück, das von der Intensität des technischen Fortschritts unmittelbar abhängt (Pfeil 7).

Wir gehen nun von den ökonomischen zu den demo-ökonomischen Wirkungszusammenhängen über, den Zusammenhängen zwischen ökonomischen und demographischen Größen, die in der Politik (wegen der Arbeitsteilung und Verantwortungsaufsplitterung zwischen den Ressorts) und in der Wissenschaft (wegen der mangelnden Kommunikation zwischen den Disziplinen) häufig ausgeklammert werden: Je höher das Pro-Kopf-Einkommen in einem Land ist, desto größer ist unter sonst gleichen Umständen – diese Bedingung gilt unausgesprochen immer – das entgangene Lebenseinkommen, wenn eine Frau auf ein eigenes Einkommen durch Erwerbsarbeit verzichtet, um Kinder großzuziehen. Wir bezeichnen dieses nur in der Vorstellung existierende entgangene Einkommen als *ökonomische Opportunitätskosten* (Pfeil 8), wobei der Begriff „Kosten" im Sinne von „unter anderen Bedingungen möglich erscheinendes Einkommen" verwendet wird, also nicht i.S. von realen Ausgaben verstanden werden darf.

An diesem Punkt beziehen wir die neuere Entwicklung der bevölkerungswissenschaftlichen Theorie mit ein, die den bisher ausschließlich im ökonomischen Sinn gebrauchten Begriff der Opportunitätskosten durch die *biographischen Opportunitätskosten* erweitert: Darunter sind die nur in der Vorstellung der Individuen existierenden, theoretisch möglichen Lebenswege und Lebensinhalte zu verstehen, die im Spektrum der biographischen Möglichkeiten nicht mehr enthalten sind, wenn bestimmte Lebenslaufalternativen durch langfristige

Festlegungen in Form von Partnerbindungen oder Kindern aus dem biographischen Universum des einzelnen ausscheiden. Die ausgeschiedenen Alternativen bilden die biographischen Opportunitätskosten.

Zahl und Art der biographischen Alternativen einer Person sind je nach Herkunft, Erziehung und sozialem und regionalem Umfeld von Individuum zu Individuum verschieden; sie hängen auch von einer Reihe von Größen auf der Makro-Ebene ab, insbesondere vom technischen Fortschritt: Neue Technologien führen zu neuen Berufen und Tätigkeitsfeldern, im Gegenzug sterben auch Berufe und Tätigkeitsfelder aus. Historisch gesehen erweiterte sich das Spektrum biographisch-ökonomischer Existenzmöglichkeiten seit der Industrialisierung ständig, d.h. das biographische Universum des einzelnen expandierte. Für die Geburtenrate bedeutet dies, daß „man" z.B. in Westeuropa seit Anfang des 20. Jahrhunderts Kinder nicht mehr einfach nur „hatte", wie sich Thomas Mann einmal zu diesem Thema äußerte, sondern das Kinderhaben wurde zum Gegenstand einer identitätsstiftenden bzw. identitätsbewahrenden Reflexion und einer biographischen Entscheidung.

Die biographische Fertilitätstheorie besagt, daß die Vielfalt biographischer Entwicklungsmöglichkeiten im langfristigen Trend zunimmt und damit die biographischen Opportunitätskosten und Festlegungsrisiken steigen. Das hat zur Folge, daß langfristige Festlegungen aufgeschoben oder ganz vermieden werden. Die durchschnittliche Geburtenzahl pro Frau sinkt, weil der Anteil der lebenslang kinderlosen Frauen zunimmt und die Häufigkeit der Familien mit drei oder mehr Kindern abnimmt (Pfeil 9). Dabei ist wichtig, daß die biographischen Opportunitätskosten gerade in der Anfangsphase der beruflichen Entwicklung, also in dem für die Familiengründung wichtigen Altersbereich von 20 bis 35 Jahren, größer sind als in höherem Alter und von Jahrgang zu Jahrgang weiter zunehmen, so daß sich der Konflikt zwischen der beruflichen und der familialen Entwicklung der Frauen von Jahrgang zu Jahrgang verschärft (Pfeil 10).

Bevor wir auf die letzten beiden Beziehungen eingehen, sei folgende Betrachtung eingeschoben. Im Bewußtsein vieler Menschen stellen sich die demographischen Veränderungen (= demographischer *Wandel*) als ein Aspekt des *„Wertewandels"* dar, wobei aber offenbar viele Veränderungen in der Sphäre der Werte den hier beschriebenen, selten bewußt gemachten Veränderungen in der Lebenswelt *nachfolgen*. Sie müßten ihnen aber vorausgehen, wenn der Wertewandel die kausale Ursache des demographischen Wandels wäre, wie oft behauptet wird. Dem widerspricht, daß z.B. in Deutschland die Kinderzahl pro Frau schon Jahrzehnte vor dem Wertewandel stark zurückging. Dessen Beginn wird häufig auf die 60er und 70er Jahre datiert. Tatsächlich war aber schon die Frauengeneration von 1905 der erste Jahrgang, bei dem die demographisch wichtige Zahl von zwei Kindern je Frau unterschritten wurde. Die Generation von 1860 hatte z.B. noch fünf Kinder, die von 1873 vier und die von 1881 nur noch drei. Dieser starke Rückgang vollzog sich schon Jahrzehnte, bevor die Pille und andere moderne Antikonzeptiva verfügbar waren. Auch heute sinkt die Fertilität in allen Entwicklungsländern, obwohl dort kaum mehr als die Hälfte der Bevölkerung über moderne empfängnisverhütende Mittel verfügt. Wahrscheinlich hatten alle Kulturen zu allen Zeiten ein Wissen darüber, wie man Schwangerschaften vermeidet.

Der Wandel des generativen Verhaltens ist das ungeplante, ungewollte und unvermeidliche Ergebnis des sozio-ökonomischen Entwicklungsprozesses. Je weiter ein Land in seiner Entwicklung fortgeschritten ist, desto stärker wirken sich die Einführung und der Ausbau von kollektiv finanzierten wohlfahrtsstaatlichen Einrichtungen wie die Alters- und Krankenversicherung und die Arbeitslosenversicherung (neuerdings auch die Pflegeversicherung) als zusätzlicher Faktor zu den biographisch-individuellen Faktoren aus. Im Ergebnis weicht dann die Geburtenrate um so mehr von dem für die Bestandserhaltung der Bevölkerung erforderlichen Niveau ab, je größer der individuelle Wohlstand und die kollektive Wohlfahrt sind (Pfeil 11).

Mit der Geburtenrate sind wir im *Schaubild 5* wieder am Beginn der Betrachtung angelangt - der Kreis schließt sich in der Weise, daß die niedrige Geburtenrate zu einer Verlangsamung des Wachstums oder sogar zu einem Schrumpfen der Bevölkerung führt (Pfeil 12), wie dies z.B. in der Bundesrepublik der Fall ist. – Diese Überlegungen lassen sich auch auf die Entwicklungsländer anwenden, in denen der Industrialisierungsprozeß den demographischen Wandel fördert. Dies gilt insbesondere für einige Länder und Städteregionen in Asien, wo die „Revolution des generativen Verhaltens" bereits zu einem drastischen Rückgang der Geburtenraten führte. Ich hatte die Betrachtungen mit der Frage begonnen, was geschieht, wenn die Bevölkerung wächst. Die durch das Wachstum ausgelösten Wirkungen führen nach dem Durchlauf durch das demo-ökonomische System zu Rückwirkungen, die das ursprüngliche Bevölkerungswachstum dämpfen. Haben wir es also mit einem *sich selbst regulierenden System* zu tun, das dafür sorgt, daß die Bevölkerung „endlich, ohne gewaltsame und außerordentliche Mittel zu einem *Stillstand von selbst* kommen müsse", wie Süßmilch schon 1741 vermutete, während Malthus keine wachstumsbegrenzenden, sondern nur wachstumsstimulierende Mechanismen sah?

Nach allem, was wir heute wissen oder vermuten können, existiert eine teilweise Selbstregulation der Bevölkerungsentwicklung durch demo-ökonomische Regelkreise und Rückkopplungen. Aber wir dürfen uns nicht darauf verlassen, daß durch die Selbstregulation sowohl das drastische Bevölkerungswachstum in den Entwicklungsländern als auch die drohende bzw. in einigen Ländern schon im Gange befindliche Schrumpfung in den Industrieländern verhindert und ein Gleichgewichtszustand erreicht wird. Es ist wahrscheinlich, daß die Selbstregulation zwar wirkt, aber nicht in ausreichendem Maße, so daß es zu folgenden Ungleichgewichtssituationen kommt:

A. In den besonders armen Entwicklungsländern sind die demo-ökonomischen Wirkungszusammenhänge durch die existentielle Not der Menschen stark beeinträchtigt oder sogar ganz außer Kraft gesetzt. Dort gilt: Je größer das Elend ist, desto langsamer sinkt die Geburtenrate und desto größer ist die Bevölkerungszunahme, so daß von einer Selbstregulation der Bevölkerungsentwicklung nicht gesprochen werden kann. Dieser Fall wird durch Begriffe wie *„Zirkel der Armut"*, *„Armutsfalle"*, *„Bevölkerungsfalle"* oder *„Malthusianische Falle"* bezeichnet.

B. In den besonders reichen Industrieländern ist die Selbstregulation aus den umgekehrten Gründen außer Wirkung gesetzt: Nichts deutet darauf hin, daß z.B. die fortgesetzte, schon zwei Jahrzehnte im Gange befindliche Bevölkerungsschrumpfung in Deutschland anders aufgehalten werden könnte als durch dauernde massenhafte Einwanderungen. Hier müßte man eigentlich analog zum Zirkel der Armut von einem *„Zirkel des Reichtums"* sprechen oder von einer *„Falle des Reichtums"* bzw. einer *„Wohlstandsfalle"*. Der Begriff „Falle" trifft den Sachverhalt, weil demographische Schrumpfung mit demographischer Alterung verbunden ist, die wiederum die Sozialbeiträge bzw. die Lohnnebenkosten (Beiträge zur Renten-, Kranken-, Arbeitslosen- und Pflegeversicherung) so stark erhöht, daß der Lohn eine Höhe erreicht, bei der die Wirtschaft Einbußen bei ihrer internationalen Wettbewerbsfähigkeit hinnehmen muß. Die Konsequenz sind Arbeitsplatzverlagerungen ins Ausland, Arbeitslosigkeit und Wohlstandsverluste – eine Entwicklung, aus der es wegen der zwingenden Logik der Demographie kein Entkommen gibt.

Und wie steht es mit der Weltbevölkerung insgesamt? Bevölkerungswachstum in den armen Ländern und Bevölkerungsschrumpfung in den reichen gehen nicht in einem problemlosen Gesamtdurchschnitt auf. Deshalb muß die Politik den Versuch unternehmen, die demo-ökonomischen Prozesse zu steuern. Die entscheidende Frage ist dabei, ob die Geburtenrate in den Entwicklungsländern, auf die bald neun Zehntel der Weltbevölkerung entfällt, durch eine integrierte Entwicklungs-, Bevölkerungs-, Gesundheits- und Familienpolitik so schnell verringert werden kann, daß die zivilisatorische Entwicklung mit dem Bevölkerungswachstum zumindest

Schritt hält und wir den Wettlauf gegen die Zeit nicht verlieren. In den Industrieländern, auf die es demographisch gesehen in Zukunft immer weniger ankommt, ist eine demographische Stabilitätspolitik noch nicht einmal in Ansätzen erkennbar. Die Förderung der Familienbildung mit fiskalischen und anderen staatlichen Instrumenten müßte entscheidend verbessert werden, aber Erfahrungen in Ländern wie Frankreich, in denen die öffentliche Anerkennung der Familien und ihre finanzielle Förderung besser sind als in Deutschland, zeigen, daß die Wirksamkeit der Instrumente der Familienpolitik allein nicht ausreicht, um die Geburtenrate auf rd. 2 Kinder je Frau zu erhöhen. Was nötig wäre, ist ein vollständiger, innovativer Umbau der gesamten Gesellschaft. Wie aber soll diese gigantische Aufgabe je durchgeführt werden, so lange es üblich ist, Geburtendefizite einfach durch Einwanderungen zu kompensieren oder sogar überzukompensieren?

Haben die hier auf eine abstrakte und technische Weise beschriebenen demo-ökonomischen Systemzusammenhänge kulturelle und ethische Nebenwirkungen, die die demographische Basis sowohl der permanent wachsenden als auch der permanent schrumpfenden Gesellschaften langfristig destabilisieren können? Mit dieser Frage sind wir wieder im Zentrum der klassischen Bevölkerungstheorie angelangt. Für eine sichere Antwort ist es noch zu früh. Was aber die in ihrer Entwicklung fortgeschrittensten Länder wie Deutschland und die anderen westeuropäischen Länder betrifft, läßt sich wohl schon sagen, daß sich die demographischen Voraussetzungen ökonomischer Erfolge nicht von selbst erfüllen, wie bisher immer stillschweigend vorausgesetzt wurde.

7. Entwicklungstrends von Fertilität und Mortalität und die Dynamik des Weltbevölkerungswachstums im 21. Jahrhundert

Zuverlässigkeit demographischer Projektionen, Modellrechnungen und Prognosen

Das 20. Jahrhundert ist aus demographischer Sicht einzigartig, es wird als das Jahrhundert mit der größten Bevölkerungszunahme in die Geschichte eingehen. Die Weltbevölkerung brauchte 18 Jahrhunderte, um von Christi Geburt bis zum Jahr 1805 von rd. 300 Millionen auf die erste Milliarde zu wachsen (s. *Schaubild* 6 am Ende dieses Kapitels). Für die zweite Milliarde, die im Jahr 1926 erreicht wurde, genügten 121 Jahre. Für die dritte Milliarde wurden nur noch 34 Jahre (1960), für die vierte 14 Jahre (1974) und für die fünfte 13 Jahre (1987) benötigt. Es ist jetzt schon so gut wie sicher, daß die sechste Milliarde 1998 in der Rekordzeit von 11 Jahren erreicht wird. Danach wird sich die Schrittfolge nach den übereinstimmenden Berechnungen der Vereinten Nationen, der Weltbank und anderer Forschungsinstitute ein wenig verlangsamen:

sechste Milliarde	1998	(11 Jahre)
siebte Milliarde	2010	(12 Jahre)
achte Milliarde	2023	(13 Jahre)
neunte Milliarde	2040	(17 Jahre)
zehnte Milliarde	2070	(30 Jahre)
elfte Milliarde	um 2100	(30 Jahre)

Nach diesen Projektionen geht das Wachstum ab 2150 allmählich in einen stationären Zustand mit einer konstanten Bevölkerungszahl und Altersstruktur über.

Wie sicher sind solche Zahlen? Wissen wir nicht, daß allen Prognosen die Eigenschaft gemeinsam ist, falsch zu sein, und gilt dies nicht besonders für die Prognosen in den Wirtschafts- und Sozialwissenschaften? Diese Regel stimmt, aber wie jede Regel so hat auch diese Ausnahmen: Bevölkerungsvorausberechnungen sind wesentlich zuverlässiger als Wirtschaftsprognosen. Sie sind keine Prophezeiungen, sondern „Wenn-Dann-Aussagen" über die künftige Entwicklung, und da die Annahmen über das generative Verhalten der Menschen in der Zukunft sowie die Annahmen über die erwartete Zunahme der Lebenserwartung – das sind die „Wenn-Voraussetzungen" der Projektionsrechnungen – relativ realistisch getroffen werden können, sind die daraus abgeleiteten „Dann-Schlußfolgerungen" bezüglich der künftigen Bevölkerungsentwicklung ebenso realistisch wie diese Annahmen, denn reine Rechenfehler beim Ableiten der Ergebnisse aus den Annahmen lassen sich trotz des immensen Umfangs der (heute von Computern erledigten) Berechnungen praktisch ausschließen.

Der entscheidende Punkt ist, daß die Zuverlässigkeit einer Projektionsrechnung nicht nur und nicht einmal in erster Linie vom exakten Eintreffen der Annahmen über das Verhalten der Bevölkerung (Fertilität und Mortalität) abhängt, sondern vor allem von der Altersstruktur, die relativ sicher vorausberechnet werden kann, weil ein Großteil der Bevölkerung, die beispielsweise in fünfzig Jahren lebt, schon geboren ist. So wird die Zahl der Geborenen z.B. im Jahr 2050 aus zwei Faktoren abgeleitet, erstens aus der Zahl der Frauen im sogenannten gebärfähigen Alter im Jahr 2049 (Faktor Altersstruktur) und zweitens aus dem generativen Verhalten dieser Frauen, ausgedrückt in der Geburtenzahl pro Frau, über deren Entwicklung in der Zukunft Annahmen getroffen werden müssen (Faktor Verhalten). Dabei hängt die Altersstruktur im Jahr 2049 von der im Jahr 2048 ab und so fort bis zurück zur bekannten Altersstruktur im Ausgangsjahr. Die Annahmen werden zwar nur selten genau eintreffen, auch wenn sie auf noch so gründliche wissenschaftliche Untersuchungen über den Trend des generativen Verhaltens und dessen Ursachen gestützt werden. Aber selbst wenn sie sich nicht voll als zutreffend erweisen, hält sich der resultierende Fehler bei der abgeleiteten Geburtenzahl im allgemeinen in Grenzen, weil das Ergebnis in starkem Maße von der relativ sicher berechenbaren Zahl der Frauen im gebärfähigen Alter bestimmt wird. Analoges gilt für die Ableitung der Zahl der Sterbefälle. Auch hier wird das Ergebnis von zwei Faktoren bestimmt: Vom relativ sicher berechenbaren Faktor Altersstruktur und von der künftigen Entwicklung der Mortalität in den einzelnen Altersklassen (Faktor Verhalten einschließlich Fortschritte der Medizin u. ä.).

Die Bevölkerungsabteilung der Vereinten Nationen veröffentlichte im Jahr 1958 eine Bevölkerungsvorausberechnung für das Jahr 2000. Ergebnis: 6,3 Mrd. (mittlere Variante). Wir können heute schon mit sehr großer Sicherheit sagen, daß die tatsächliche Zahl zwischen 6,08 und 6,23 Mrd. liegen wird. Da der Projektionszeitraum immerhin 42 Jahre umfaßt, könnte man vermuten, daß die geringe Abweichung (etwa 2%) auf einem Zufallstreffer beruht. Daß dem nicht so ist, ergibt sich daraus, daß die UN ihre Berechnungen seit 1958 immer wieder revidiert und aktualisiert hat, zuletzt in der Revision von 1994, wobei alle Ergebnisse in einem engen Intervall lagen: Berechnung von 1958 (= 6,3 Mrd.), von 1962 (= 6,6 Mrd.), von 1982 (= 6,1 Mrd.), Berechnung sowohl von 1992 als auch von 1994 (= 6,2 Mrd.). Auch auf nationaler Ebene sind demographische Vorausberechnungen heute relativ zuverlässig. Beispielsweise traf die Berechnung von 1970 bis zum Jahr 1985 für die frühere Bundesrepublik mit einem Fehler von einem Prozent ein, obwohl bei Berechnungen für einzelne Länder neben der Fertilität und Mortalität auch die grenzüberschreitenden Migrationsströme berücksichtigt werden müssen.

Demographische Vorausberechnungen unterscheiden sich von *Voraussagen* und *Prophetien* in einem wichtigen Punkt: Es herrscht volle Klarheit darüber, von welchen Annahmen und Voraussetzungen ihre Ergebnisse abhängen. Deshalb bezeichnet man demographische Vorausberechnungen auch als *„bedingte Aussagen über die Zukunft"* oder kurz als *„bedingte Bevölkerungsvorausberechnungen"*. Bei Prophezeiungen ist das anders, man kann an sie nur glauben oder nicht glauben, eine Argumentation über das Für und Wider ihrer Annahmen ist nicht möglich, weil nur das Ergebnis mitgeteilt wird. In der Literatur wird neben den Begriffen *„Bevölke-*

rungsprojektion" und *„Bevölkerungsprognose"* auch der Begriff *„Modellrechnung"* verwendet. Als gemeinsamer Oberbegriff ist zunehmend der Ausdruck *„Wenn-Dann-Aussage"* (über die Zukunft) im Gebrauch. Ist man sich über die getroffenen Wenn-Annahmen relativ sicher, spricht man von einer *Prognose*, sind die Wenn-Annahmen mehr oder weniger unverbindliche „Setzungen", wird der Ausdruck *„Modellrechnung"* verwendet. Der Begriff *„Bevölkerungsprojektion"* liegt dazwischen. Einerseits wird hier der Anspruch erhoben, daß die getroffenen Annahmen die künftigen Trends realistisch beschreiben, andererseits versucht man bei der Annahmenbildung die Wirkungen künftiger politischer Maßnahmen und Programme auf die Entwicklung der Mortalität und Fertilität vorwegzunehmen, was diese Annahmen aber naturgemäß etwas unsicher macht.

Auch die Vereinten Nationen und die Weltbank treffen bei ihren langfristigen Bevölkerungsprojektionen bis zum Jahr 2100 Annahmen über die künftige Bevölkerungs- und Entwicklungspolitik der nationalen und supranationalen Organisation, obwohl die entsprechenden Programme im Zeitpunkt der Berechnungen meist noch keine konkrete Gestalt haben, weil z.B. ihre Finanzierbarkeit noch ungewiß ist. Man spricht daher auch von *„Zielprojektionen"* im Unterschied zu *„Status-quo-Prognosen"*. Erstere versuchen, die Wirkungen neuer, erst in der Zukunft geplanter politischer Maßnahmen auf die angestrebte Abnahme der Fertilität und die Verringerung der Mortalität einzubeziehen, letztere beruhen auf der Voraussetzung, daß die gleiche Politik wie bisher fortgesetzt wird.

Bei der Beurteilung der Auswirkungen einer Politik in der Zukunft gibt es in der Wissenschaft stets unterschiedliche Einschätzungen. Deshalb werden Bevölkerungsprojektionen meist in drei Varianten durchgerechnet. Bei Weltbevölkerungsprojektionen wird die *„untere Variante"* mit geringerem Bevölkerungswachstum meist als die „optimistische" bezeichnet und die obere als die „pessimistische". Dabei wird das Ergebnis für die Welt als ganzes als Summe aus den getrennten Projektionen für die einzelnen Länder der Welt gebildet. Wegen der Fülle dieser Ergebnisse beschränkt man sich aus Platzgründen oft auf die Veröffentlichung nur der *„mittleren Variante"*, die dann in der Öffentlichkeit – ob zu recht oder nicht – stets als diejenige mit der höchsten Wahrscheinlichkeit interpretiert wird.

Diese Interpretation liegt zwar nahe, läßt sich aber nicht streng begründen, weil sich die Prognostiker selbst außerstande sehen, den einzelnen Ergebnisvarianten Eintrittswahrscheinlichkeiten zuzuordnen. Hierfür müßten die im vorangegangenen Kapitel erörterten Verflechtungen zwischen den ökonomischen, demographischen und gesellschaftlichen Größen, einschließlich der politischen Handlungen, die sie hervorrufen, ziemlich exakt quantifiziert werden können – ein Anspruch, der sich in der Sozialwissenschaft wahrscheinlich auch in Zukunft nicht voll einlösen läßt. Daß die vorausberechneten Ergebnisse trotzdem mit einem relativ geringen Fehler eintreffen, scheint erklärungsbedürftig zu sein. Die gute Treffsicherheit beruht letztlich auf der jahrzehntelangen Erfahrung der Prognostiker in der Handhabung ihrer Projektionsmodelle. So wie ein Maler nicht dadurch zu einem guten Künstler wird, daß er mit möglichst vielen Farbtuben und Pinseln hantiert, so ist die Qualität eines Projektionsmodells nicht von der schieren Zahl von Variablen und Gleichungen abhängig, aus denen die Ergebnisse abgeleitet werden. Entscheidend ist die Art der Verwendung dieser Hilfsmittel, und dabei spielen die Faktoren Erfahrung, Intuition und Können in der Wissenschaft eine nicht geringere Rolle als in der Kunst. Dies dürfte für alle Wissenschaften zutreffen, in deren Zentrum der Mensch steht. Die Naturwissenschaften mögen sich in diesem Punkt von den Sozial- und Geisteswissenschaften unterscheiden. Um aber dem Mißverständnis vorzubeugen, daß die Sozialwissenschaft nur mehr oder weniger Unverbindliches, Unexaktes zu bieten habe, sei hinzugefügt, daß „Bevölkerungsprojektionen" – richtig verstanden – nicht weniger exakt sind als die Aussagen in den exakten Wissenschaften: Sind nämlich die Wenn-Annahmen zutreffend, dann können die Dann-Schlußfolgerungen aus ihnen mit sehr großer Genauigkeit und Treffsicherheit abgeleitet werden.

Trends der Mortalität und die Bedeutung des Faktors AIDS

Die Lebenserwartung unterscheidet sich ebenso wie alle anderen demographischen Indikatoren außerordentlich stark zwischen Industrie- und Entwicklungsländern. Nach der Definition der Vereinten Nationen gehören zur Gruppe der Industrieländer Nordamerika, Japan, Europa, Australien und Neuseeland. Entwicklungsländer sind nach dieser Definition alle Regionen Afrikas, Lateinamerikas und Asiens (ohne Japan) sowie Melanesien, Mikronesien und Polynesien.

Die Lebenserwartung hat sich von 1950–55 bis 1990–95 im Weltdurchschnitt von 46,4 Jahren (Männer 45,1, Frauen 47,8) auf 64,4 Jahre erhöht (Männer 62,4, Frauen 66,5). In den Entwicklungsländern lag die Lebenserwartung in den 50er Jahren noch bei 41 Jahren, in den Industrieländern bei 67. In den folgenden fünf Jahrzehnten nahm sie in den Industrieländern um knapp 8 Jahre zu, in den Entwicklungsländern um 21 Jahre, also um mehr als das Zweieinhalbfache:

	Lebenserwartung	
	1950–55	1990–95
Industrieländer		
Männer	63,9	70,6
Frauen	69,0	78,1
beide Geschlechter	66,5	74,4
Entwicklungsländer		
Männer	40,2	60,8
Frauen	41,8	63,8
beide Geschlechter	40,9	62,3

Die Lebenserwartung ist der wichtigste und umfassendste Indikator zur quantitativen Beschreibung der Lebens- und Gesundheitsbedingungen und des Entwicklungsstandes eines Landes. Technisch gesprochen ist die Lebenserwartung ein zusammengefaßter Ausdruck der Sterbewahrscheinlichkeiten in den einzelnen Lebensjahren, unter denen die *Säuglingssterblichkeit* (= im ersten Lebensjahr Gestorbene auf 1000 Lebendgeborene) und die *Kindersterblichkeit* (= vor dem fünften Lebensjahr Gestorbene auf 1000 dieser Altersklasse) besonders wichtig sind.

Im Verlauf der Entwicklung eines Landes verbessert sich die Lebenserwartung zunächst durch eine Senkung der Säuglings- und Kindersterblichkeit. Sie erreichte in den heutigen Industrieländern noch vor 100 Jahren nicht selten Werte von 25% oder mehr. Wenn ein hoher Entwicklungsstand erreicht ist, wie heute in Deutschland, beruht die weitere Erhöhung der Lebenserwartung auf einer Senkung der Sterbeziffern für die höheren Altersgruppen. Aus diesem Grund übertrifft der Unterschied zwischen den Industrie- und Entwicklungsländern bezüglich der Säuglingssterblichkeit den entsprechenden Unterschied bezüglich der Lebenserwartung um ein Mehrfaches: Die Säuglingssterblichkeit betrug im Zeitraum 1990–95 in den Industrieländern 10, in den Entwicklungsländern 70 Gestorbene im ersten Lebensjahr auf 1000 Lebendgeborene. Der Unterschied bei der Lebenserwartung ist weniger groß; sie beträgt 74,4 Jahre in den Industrieländern und 62,3 Jahre in den Entwicklungsländern. Im Vergleich zu den Industrieländern vor 100 oder 200 Jahren beträgt die Säuglings- und Kindersterblichkeit der heutigen Entwicklungsländer nur etwa ein Drittel. Dies beruht auf den Erfolgen bei der Bekämpfung epidemischer Krankheiten mit modernen Arzneimitteln (Malaria, Cholera, Pocken u. a.), auf Verbesserungen der Hygiene, der Ernährung und des allgemeinen Wissensstandes und des Lebensstandards der Bevölkerung.

Der geschlechtsspezifische Unterschied der Lebenserwartung ist, wie bereits erwähnt, im wesentlichen genetisch bedingt. Bei Männern und Frauen ist die Erneuerungsfähigkeit des Organismus durch Zellteilungen unterschiedlich (Hayflick, Rose). Frauen leben im Durchschnitt länger als Männer, weil ihre Zellteilungshäufigkeit größer ist, nicht etwa deshalb, weil ihre gesellschaftlichen Lebensbedingungen günstiger wären. In Ländern mit einer extremen Schlechterstellung bzw. Ausbeutung von Frauen kann es zu einer Umkehrung des natürlichen Unterschieds kommen, dann leben die Männer länger als die Frauen. Zwei besonders krasse Fälle sind Indien und Pakistan. In Indien war die Lebenserwartung der Männer infolge der Ausbeutung der Frauen bis 1985 größer als die der Frauen. Auch heute beweisen die Zahlen eine drastische Benachteiligung der Frauen, denn die Lebenserwartung ist jetzt bei Männern und Frauen praktisch gleich (Männer: 60,3, Frauen: 60,4), obwohl es eigentlich in diesen Ländern, so wie in fast allen Ländern der Welt, einen Vorsprung von mehreren Jahren zugunsten der Frauen geben müßte. Wie die Tabelle unten zeigt, haben Frauen in den entwickelten Ländern einen Vorsprung von knapp 7 Jahren, in den Entwicklungsländern beträgt der Unterschied wegen der niedrigeren Lebenserwartung beider Geschlechter und wegen der dort generell schlechteren Lebensbedingungen der Frauen nur 3 Jahre.

Ausgehend von der realistischen Erwartung, daß die Medizin auch in der Zukunft Fortschritte machen wird und daß sich die allgemeinen Gesundheits- und Lebensbedingungen in den Entwicklungsländern weiter verbessern, nimmt die Bevölkerungsabteilung der Vereinten Nationen in ihrer letzten Weltbevölkerungsprojektion eine weitere Zunahme der Lebenserwartung im nächsten Jahrhundert um 6,5 Jahre in den Industrieländern und um 13,7 Jahre in den Entwicklungsländern an:

	Lebenserwartung	
	1990–95	*2040–50*
Industrieländer		
Männer	70,6	78,0
Frauen	78,1	84,0
beide Geschlechter	74,4	80,9
Entwicklungsländer		
Männer	60,8	73,8
Frauen	63,8	78,4
beide Geschlechter	62,3	76,0

Es mag vielleicht als unrealistisch erscheinen, daß die Lebenserwartung in den heutigen Entwicklungsländern zur Mitte des nächsten Jahrhunderts von der UN um zwei Jahre höher angenommen wird als in den heutigen Industrieländern, aber diese Entwicklung ist in den Trends der letzten Jahrzehnte durchaus angelegt. In fünfzig Jahren werden sich viele Länder Asiens und Lateinamerikas, die bei der Ermittlung dieser Zahlen noch zur Gruppe der Entwicklungsländer gerechnet wurden, zu Industrieländern entwickelt haben. Deshalb ist ein Anstieg der Lebenserwartung in dieser Ländergruppe wahrscheinlich. Auch in den heutigen Industrieländern wird ein weiterer, wenn auch abgeschwächter Anstieg der Lebenserwartung unterstellt, in Deutschland z.B. von 1990–95 auf 2040–50 um 6,5 Jahre von 72,5 (Männer) bzw. 79,0 (Frauen) auf 78,6 (Männer) bzw. 84,4 (Frauen).

Welche Bedeutung hat die zunehmende Verbreitung von AIDS für die Entwicklung der Mortalität und für das Ergebnis der Weltbevölkerungsprojektionen? Für die 15 am stärksten betroffenen Länder Afrikas, darunter Uganda, Somalia und Zimbabwe, sowie für Thailand liegen detaillierte Forschungsergebnisse der UN vor. Danach wird die vorausberechnete Weltbevölkerungszahl vom Faktor AIDS bei weitem nicht so stark beeinflußt wie oft angenommen. Die Bevölkerung der am stärksten betroffenen 15 Länder Afrikas würde z.B. von 1980 bis 2005 ohne AIDS von 138,4 Mio. auf 303,4 Mio. zunehmen, mit AIDS auf 291,8 Mio.; der Unterschied beträgt 3,8%. Die Bevölkerung Thailands würde ohne AIDS von 1980 bis 2005 von 46,7 Mio. auf 65,6 Mio. und mit AIDS auf 64,7 Mio. wachsen; der Unterschied ist 1,4%. Für die am stärksten betroffenen Länder Zimbabwe, Zambia und Uganda ist die Differenz größer, sie erreicht Werte von knapp 7%. Der Anteil dieser Länder an der Weltbevölkerung ist jedoch nicht so groß, daß ihr Einfluß auf das Gesamtergebnis der Weltbevölkerungsprojektion ins Gewicht fallen würde.

Trends der Fertilität

Welche demographische Kennziffer ist dazu geeignet, die „Fertilität" auf eine genauso aussagekräftige und unmittelbar verständliche Weise zu messen wie das im Falle der „Mortalität" mit der Kennziffer „Lebenserwartung" möglich ist? In der Regel wird hierfür die „rohe Geburtenrate" – die Zahl der

Lebendgeborenen eines Jahres auf 1000 Einwohner – verwendet, aber dieses Maß kann die Fertilität nicht immer genau genug erfassen. Die Zahl der Geburten ist z.B. in einem Land A dann besonders groß, wenn ein großer Prozentsatz der weiblichen Bevölkerung auf die Altersklassen innerhalb des sogenannten „gebärfähigen Alters" (15–45) entfällt. Wenn dieser Prozentsatz in einem anderen Land B kleiner ist, dann muß die rohe Geburtenrate von A selbst dann größer sein als die von B, wenn die Bevölkerungszahl der beiden Länder identisch ist und sich das generative Verhalten der Frauen nicht unterscheidet. Die Fertilität des Landes A scheint dann größer zu sein als die von B, obwohl dies in Wirklichkeit nicht so ist.

Solche Irrtümer lassen sich vermeiden, wenn man die Geburtenzahl nicht einfach aus der Statistik übernimmt, sondern mit einem bestimmten Verfahren errechnet, indem man für die weibliche Bevölkerung in beiden Ländern die gleiche Altersstruktur unterstellt. Dies läßt sich erreichen, indem man unterstellt, daß die Zahl der Frauen in den einzelnen Altersjahren innerhalb des gebärfähigen Alters von 15 bis 45 einheitlich je 1000 beträgt. Die Zahl der Lebendgeborenen pro Frau bei dieser „altersstandardisierten" Bevölkerung wird in der englischen und in der deutschen Literatur meist einheitlich mit dem Begriff „Total Fertility Rate" (abgekürzt: TFR) bezeichnet. Gelegentlich wird hierfür auch der Begriff „Gesamtgeburtenziffer" verwendet.

Die Veränderung der Fertilität der Weltbevölkerung in den vergangenen fünf Jahrzehnten kann sowohl mit der rohen Geburtenrate als auch mit der TFR gemessen werden. Der Unterschied ist im Falle der Weltbevölkerung nicht groß, aber in bestimmten Ländern können sich die Meßergebnisse gravierend unterscheiden. Zwischen 1950–55 und 1990–95 nahm die rohe Geburtenrate der Weltbevölkerung von 37,4 auf 25,0 ab, was einem Rückgang von 33,2% entspricht. Die Total Fertility Rate fiel von 5,0 auf 3,1 Lebendgeborene pro Frau, was eine Verringerung um 38% ergibt (s. *Schaubild 9* am Schluß dieses Kapitels). Für die Analyse der Gründe des Rückgangs und für die Bildung von Annahmen im Rahmen von Bevölkerungsprojektionen ist die TFR in jedem Falle der rohen Geburtenrate überlegen.

Für die Zukunft nehmen die UN, die Weltbank und die internationalen demographischen Forschungsinstitute eine Angleichung der Fertilität zwischen Industrie- und Entwicklungsländern an. Nach der Zielprojektion der jüngsten Weltbevölkerungsvorausberechnung der UN verringert sich die Fertilität in den Entwicklungsländern von 1990–95 bis 2040–50, während sie in den Industrieländern von 1,7 auf 2,1 Lebendgeborene pro Frau zunimmt (mittlere Variante):

| | Lebendgeborene pro Frau | | |
	1950–55	1990–95	2040–50
Welt	5,0	3,1	2,1
Industrieländer	2,8	1,7	2,1
Entwicklungsländer	6,1	3,5	2,1

Die Annahmen dieser Zielprojektionen erscheinen optimistisch, denn es wird hier vorausgesetzt, daß sich der Fertilitätsrückgang in den Entwicklungsländern in den nächsten Jahrzehnten in ähnlichem Tempo fortsetzt wie in der Vergangenheit, obwohl es erfahrungsgemäß um so schwieriger ist, mit fertilitätsverringernden Programmen zusätzliche Fortschritte zu erzielen, je größer die bereits erreichten Erfolge sind. In den Industrieländern wird ein Anstieg der Fertilität von 1,7 auf 2,1 Kinder pro Frau unterstellt. Die im vorangegangenen Kapitel erläuterten Gründe für die niedrige Fertilität (biographische Theorie der Fertilität) sind aber in der Zukunft weiter wirksam, deshalb muß auch die Annahme eines Fertilitätsanstiegs in den Industrieländern als sehr optimistisch bzw. unrealistisch eingeschätzt werden.

Für die Beurteilung der Erfolgsaussichten bei der Verringerung der Fertilität in den Entwicklungsländern ist es wichtig, zwischen den drei Hauptfaktoren einer hohen Fertilität und den entsprechenden Politikansätzen zu unterscheiden.

Fall I. Die Zahl der (von der Bevölkerung) *nicht gewünschten Kinder* ist hoch. Diesem Fall entspricht die klassische

Familienplanungspolitik. Ihre Instrumente sind vor allem eine breite Gesundheits- und Sexualaufklärung, die Beratung der Jugendlichen und Eltern durch öffentliche Familienplanungseinrichtungen und das Angebot an wirksamen und gesundheitsbewahrenden antikonzeptionellen Mitteln.

Fall II. Die Zahl der gewünschten Nachkommen pro Frau ist zwar nicht hoch, aber die Zahl der zur *Kompensation einer hohen Säuglings- und Kindersterblichkeit* erforderlichen Geburten führt zu einem hohen Fertilitätsniveau. Hier ist eine gesundheitsorientierte Entwicklungspolitik zur Senkung der Säuglings- und Kindersterblichkeit besonders wichtig. Elemente dieser Politik sind die Müttererziehung, Verbesserung der Kleinkinderpflege, der Hygiene und der Ernährung sowie die Immunisierung gegen Kinderkrankheiten.

Fall III. Dieser Fall enthält zwei Unterfälle. (A) Die Zahl der (von der Bevölkerung) aus *sozialen und wirtschaftlichen Motiven gewünschten* Kinder pro Frau ist hoch. Diesem Fall entspricht die klassische Entwicklungspolitik. Von besonderer Bedeutung ist die Sicherstellung einer guten Ausbildung der gesamten Bevölkerung, einschließlich der oft benachteiligten Mädchen und Frauen und die Aufhebung der Notwendigkeit, Kinder als eine Art lebendes Sozialversicherungssystem haben zu müssen und sie als Arbeitskräfte in landwirtschaftlichen oder gewerblichen Betrieben einzusetzen. Auf diese Politik bezieht sich das Schlagwort: „Eine gute Entwicklungspolitik ist die beste Pille."

(B) Die Zahl der *aus religiösen und kulturellen Motiven gewünschten* Kinder pro Frau ist hoch. Dieser Fall bereitet der Politik besondere Probleme. Eine Bevölkerungspolitik der Vereinten Nationen oder anderer Träger, die darauf abzielt, die Fertilität gegen den Willen eines Landes zu senken, würde das auf der Weltbevölkerungskonferenz in Mexico (1984) proklamierte Recht auf *„demographische Selbstbestimmung"* verletzen. Das Recht auf demographische Selbstbestimmung der Länder und der Individuen wurde auf der Weltbevölkerungskonferenz 1994 in Kairo und auf der Weltfrauenkonferenz 1995 in Peking erneut als ein elementares Menschenrecht bekräftigt. Es garantiert allen Menschen die freie, selbstverantwortete Entscheidung über die Zahl und den Zeitpunkt ihrer Nachkommen.

Dieses Grundrecht wird allerdings nicht von allen Ländern auf die gleiche Weise interpretiert. Das in Kairo beschlossene Aktionsprogramm spricht in Artikel VII vom „Grundrecht aller Paare *und Individuen*, frei und verantwortlich über die Anzahl, den Geburtenabstand und den Zeitpunkt der Geburt ihrer Kinder zu entscheiden ...". Einige Länder haben aus kulturellen und politischen Gründen Vorbehalte dagegen zu Protokoll gegeben, daß dieses Grundrecht den „*Individuen*" zustehen soll statt den „Paaren" oder den „Familien". Es den Individuen zuzugestehen, würde z.B. in islamischen Ländern das Zugeständnis bedeuten, daß die Stellung der Frauen erheblich verbessert werden muß. Dies war auch die erklärte Absicht der Mehrheit der an der Kairoer Konferenz beteiligten Regierungen. Zahlreiche islamische und lateinamerikanische Regierungen haben jedoch in protokollarischen Noten erklärt, daß sie dieses Grundrecht anders verstehen.

Auf Grund der kulturellen, sozialen und ökonomischen Unterschiede zwischen den Ländern legen die UN und die Weltbank bei ihren Weltbevölkerungsprojektionen für jedes Land einen unterschiedlich langen Zeitraum für die Verringerung der Fertilität und das angestrebte Niveau von 2,1 Kindern je Frau zugrunde. In den Ländern, die sich noch in einer frühen Phase der demographischen Transformation befinden – hierzu zählen die meisten Länder Afrikas – wird dieses Ziel annahmegemäß erst nach 2050 erreicht, während dies bei vielen Ländern Asiens bereits um 2010 oder noch früher der Fall sein soll.

Zentrale demographische Fachbegriffe und Methoden der Bevölkerungsprojektion

Wie wichtig der Einfluß der Altersstruktur neben dem des generativen Verhaltens und der Mortalität ist, läßt sich erkennen, wenn man sich das Grundverfahren aller modernen Bevölkerungsprojektionsrechnungen verdeutlicht. Ausgehend von einem bestimmten Basisjahr (z.B. 1996) wird für Männer und Frauen nach dem Lebensalter getrennt berechnet, wie viele davon bis zum nächsten Jahr überleben. Dazu multipliziert man jeweils die Zahl der Personen gleichen Alters mit der zugehörigen Überlebenswahrscheinlichkeit. Das Ergebnis sind je 100 Bevölkerungsbestände für die männliche und die weibliche Bevölkerung im nächsten Jahr, die mit den zugehörigen Überlebenswahrscheinlichkeiten für das nun um ein Jahr erhöhte Lebensalter erneut multipliziert werden. Strebt man eine Bevölkerungsprojektion beispielsweise bis zum Jahr 2100 an, sind von 1996 ausgehend 104 solcher Rechenschritte erforderlich, wobei sich die Zahl der Überlebenden im Jahr 2050, um einen Wert herauszugreifen, aus der für 2049 ergibt und so fort. Die dafür benötigten Überlebenswahrscheinlichkeiten werden aus den oben erläuterten Analysen der Mortalität und Lebenserwartung ermittelt. Da die Überlebenswahrscheinlichkeiten stark vom Alter abhängen, ist die Altersstruktur der Anfangsbevölkerung für das Ergebnis entscheidend.

Die Zahl der in jedem Jahr geborenen Kinder errechnet sich folgendermaßen. Maßgebend ist wieder die Altersstruktur, hier die Zahl der Frauen in den Jahren des gebärfähigen Alters von 15 bis 45. Wie viele Frauen auf die 31 Altersstufen entfallen, ist den vorherigen Berechnungen zu entnehmen. Die einzelnen Zahlen werden mit den zugehörigen *altersspezifischen Geburtenziffern* multipliziert. Das sind Zahlen, die die Wahrscheinlichkeit angeben, mit der eine Frau eines bestimmten Alters im Verlauf eines Jahres ein Kind zur Welt bringt. Die Summe der Produkte ist die Zahl der Lebendgeborenen des betreffenden Jahres. Ebenso wie die Überlebenswahrscheinlichkeiten hängen auch die altersspezifischen Geburtenziffern außerordentlich stark vom Alter ab, deshalb wird die Geburtenzahl entscheidend von der Altersstruktur der Bevölkerung bestimmt. Die altersspezifischen Geburtenziffern steigen von sehr niedrigen Werten im Alter von 15 in Form einer glockenförmigen Kurve bis zu einem Maximum im Alter von 25 bis 30 und sinken anschließend bis zum Alter von 45 wieder auf null. Die Summe der altersspezifischen Geburtenziffern ist identisch mit der oben definierten Gesamtgeburtenziffer (Total Fertility Rate). Die Zahlen für die Gesamtgeburtenziffer (und ihre altersspezifischen Teile) werden aus detaillierten Untersuchungen im Rahmen von Trendanalysen der Fertilität ermittelt.

Für jedes Mortalitätsniveau (ausgedrückt durch die Lebenserwartung und durch die je 100 Überlebenswahrscheinlichkeiten der Männer und Frauen) gibt es ein Fertilitätsniveau (ausgedrückt durch die Gesamtgeburtenziffer und die altersspezifischen Geburtenziffern), bei dem gerade so viele Menschen geboren werden wie sterben. Eine Bevölkerung, die sich in diesem Zustand befindet, ist konstant und hat eine konstante Altersstruktur; sie wird mit dem Begriff *„stationäre Bevölkerung"* bezeichnet. Bei hohem Mortalitätsniveau ist das die Stationarität gewährleistende Fertilitätsniveau naturgemäß höher als bei niedriger Sterblichkeit. Die *Nettoreproduktionsrate* (NRR) ist ein Maß, das ausdrückt, wie stark das Fertilitätsniveau und das Mortalitätsniveau von den die Stationarität gewährleistenden Werten abweichen. Die NRR läßt sich aus der (oben definierten) Gesamtgeburtenziffer ableiten. Hierfür berücksichtigt man den Einfluß der Sterblichkeit auf die Zahl der Frauen, die vom Anfang des gebärfähigen Alters bis zum Ende überleben. In den einzelnen Jahren zwischen 15 und 45 werden nun nicht mehr einheitlich je 1000 Frauen mit den zugehörigen altersspezifischen Geburtenziffern multipliziert, sondern nur noch die von einer anfänglichen Zahl von 1000 bis zum jeweiligen Alter überlebende Zahl. Das Ergebnis ist die um den Effekt der Sterblichkeit reduzierte Zahl der Lebendgeborenen pro Frau. Von diesen Lebendgeborenen entfällt ein bestimmter, biologisch konstanter Anteil von rd. 48,5% auf Mädchen und ein Anteil von 51,5% auf Knaben. Die Zahl der Lebendgeborenen Mädchen pro Frau wird mit dem Begriff *„Nettoreproduktionsrate"* bezeichnet. Die *„Bruttoreproduktionsrate"* ist die Zahl der lebendgeborenen Mädchen pro Frau, die sich *ohne* Berücksichtigung der Sterblich-

keit der Frauen ergibt. Sie läßt sich einfach aus der Gesamtgeburtenziffer durch Multiplikation mit dem Mädchenanteil
errechnen.

Ist die Nettoreproduktionsrate genau gleich 1,00, so wird
pro Frau exakt ein Mädchen geboren. Da auf jedes Mädchen
grob gerechnet ein Junge entfällt, reproduziert sich dann die
Bevölkerung ohne zu wachsen oder zu schrumpfen. Ist die
NRR größer als 1,00, wächst die Bevölkerung; ist sie kleiner
als 1,00, schrumpft sie (ohne Ein- und Auswanderungen). Die
NRR der Weltbevölkerung nahm von 1950–55 bis 1990–95
stetig von 1,65 auf 1,31 ab, sie liegt also noch weit über dem
für die Stationarität erforderlichen Wert von 1,00:

| | Nettoreproduktionsrate | | |
	1950–55	1990–95	2040–50
Welt	1,65	1,31	1,00
Industrieländer	1,24	0,81	1,00
Entwicklungsländer	1,86	1,44	1,00

Der Begriff der Nettoreproduktionsrate liefert den Schlüssel
für das Verständnis außerordentlich wichtiger Ergebnisse der
Populationsdynamik, vor allem der mit Ausdrücken wie
Trägheit, *Schwung* oder *Eigendynamik* umschriebenen Phänomene des Bevölkerungswachstums oder der Bevölkerungsschrumpfung, die ausschließlich auf der Altersstruktur beruhen und daher nicht beeinflußbar sind.

Die Eigendynamik läßt sich mit dem *Trägheitsfaktor* messen (englisch: „*Momentum of Population Growth*"). Der
Trägheitsfaktor ist das Verhältnis aus der projizierten Zahl
der Bevölkerung, die sich langfristig ergeben würde, zur Bevölkerung im Basisjahr, wobei unterstellt wird, daß die Nettoreproduktionsrate im Verlauf eines einzigen Jahres auf 1,00
fällt. Die Weltbank hat den Trägheitsfaktor für die einzelnen
Länder der Welt ausgehend vom Basisjahr 1990 errechnet
(Weltbank 1994–95). Für die Welt insgesamt beträgt der
Trägheitsfaktor 1,4. Dies bedeutet, daß die Weltbevölkerung
selbst dann um 40% wachsen würde, wenn die Fertilität so

stark abnähme, daß sie im Verlauf eines einzigen Jahres auf die für die langfristige Stationarität erforderliche Nettoreproduktionsrate von 1,00 fiele.

Der Grund für diese Eigendynamik ist die junge Altersstruktur der Weltbevölkerung: Da in den vergangenen Jahrzehnten von Jahr zu Jahr immer mehr Kinder geboren wurden, kommen in der Zukunft immer mehr Menschen in das gebärfähige Alter. Auf diese Weise wächst die Zahl der potentiellen Mütter von rd. 1,3 Milliarden in den 90er Jahren auf über 2 Milliarden zur Mitte des nächsten Jahrhunderts. Der erwartete Rückgang der Kinderzahl pro Frau wird durch den Anstieg der Zahl der Frauen im gebärfähigen Alter mehr als ausgeglichen, so daß die Geburtenzahl steigt, mit der Folge, daß die Bevölkerungszahl selbst bei dem unterstellten extrem schnellen Rückgang der Fertilität noch um *mindestens* 40% wachsen *muß*.

In Ländern mit einer besonders jungen Altersstruktur, in denen die Hälfte der Bevölkerung jünger als 20 oder sogar 15 Jahre ist, ist der Trägheitsfaktor höher als im Weltdurchschnitt. Dort ist die Eigendynamik des Wachstums bis zu doppelt so groß, vor allem in den islamischen Ländern und in Afrika. In den folgenden Beispielen ist die Eigendynamik in Prozent des Bevölkerungswachstums angegeben: Tadjikistan (80%), Syrien (80%), Nicaragua (80%), Usbekistan (70%), Iran (70%), Algerien (70%), Libyen (70%), Pakistan (60%), Nigeria (60%), Venezuela (60%), Türkei (50%).

Zentrale Ergebnisse der Weltbevölkerungsprojektionen (Schaubilder 6 bis 11)

Die UN und die Weltbank legen ihren Bevölkerungsprojektionen die Annahme zugrunde, daß die Fertilität von 1990-95 bis 2050 von 3,1 Lebendgeborenen pro Frau auf 2,1 abnimmt. Bei der Lebenserwartung wird eine Zunahme von 64,4 auf 76,8 Jahre zugrunde gelegt (mittlere Variante). Diesen Annahmen entspricht ein Rückgang der Nettoreproduktionsrate von 1,41 auf 1,00. Obwohl die Nettoreproduktionsrate diesen Annahmen zufolge schon im Jahr 2050 den für die (langfristige) Stationarität erforderlichen Wert erreicht (und danach konstant bleibt), wächst die Weltbevölkerung auf Grund der jungen Altersstruktur über das Jahr 2050 hinaus bis zur Mitte des 22. Jahrhunderts weiter, und zwar von 5,7 Mrd. 1995 über 9,6 Mrd. im Jahr 2050, 11,0 Mrd. im Jahr 2100 auf 11,4 Mrd. im Jahr 2150 (Weltbank 1994–95, s. auch *Tabelle 2*):

| | *Weltbevölkerung (in Mrd.)* | | | |
	1995	2050	2100	2150
untere Variante	5,7	8,6	9,4	9,7
mittlere Variante	5,7	9,6	11,0	11,4
obere Variante	5,7	10,1	12,2	12,9

Bliebe die Fertilität auf dem Niveau des Basiszeitraums 1990-95 (= 3,1 Lebendgeborene pro Frau) konstant, würde sich die Weltbevölkerungszahl schon bis 2050 fast verdreifachen, sie betrüge dann nicht 9,6 Mrd., sondern 16,1 Mrd. Diese als „constant fertility scenario" bezeichnete Simulationsrechnung führt zu der Frage, was geschähe, wenn die Lebendgeborenenzahl nicht bis zum Jahr 2050, sondern einige Jahrzehnte früher bzw. später auf den für die langfristige Konstanz erforderlichen Wert von 2,1 abnähme. Die Ergebnisse entsprechender Simulationsrechnungen lassen sich so zusammenfassen: Jedes Jahrzehnt mehr erhöht die Bevölkerungszahl um rd. 1 Milliarde. Die entsprechenden Berechnungen des Verfassers sind im *Schaubild 11* dargestellt. Sie beruhen auf differenzierteren Annahmen über die Form der Fertilitätsabnahme als die Projektionsrechnungen der UN und der Weltbank. *Schaubild 11* zeigt die Ergebnisse für 8 alternative s-förmig verlaufende Abnahmeformen der Fertilität. Entsprechende Ergebnisse für eine linear bzw. hyperbelförmig verlaufende Abnahme können hier aus Platzgründen nicht dargestellt werden (s. Birg 1994 u. 1995). Wegen der differenzierteren Annahmen über die Form der Fertilitätsabnahme lassen sich die Projektionen nicht direkt mit denen der UN und der Weltbank vergleichen, die Grundergebnisse stimmen aber in der Tendenz überein.

Tabelle 2: Weltbevölkerungsprojektionen nach Daten der Weltbank 1995–2150 (mittlere Variante, in Millionen)

	1995	2000	2050	2100	2150
Welt	5692	6114	9578	10958	11401
– Entwicklungsländer	4448	4842	8222	9589	10013
– Industrieländer	1245	1273	1367	1379	1399
nach Kontinenten					
Afrika	719	821	1999	2643	2827
Asien	3443	3703	5638	6289	6509
Lateinamerika	475	512	804	883	906
Nordamerika	295	309	374	384	388
Europa	731	737	721	714	726
Ozeanien	29	31	42	45	46

Daten: Weltbank (1994-95)

Schaubild 6: Weltbevölkerungswachstum seit 1750 und Projektionen für das 21. Jh.

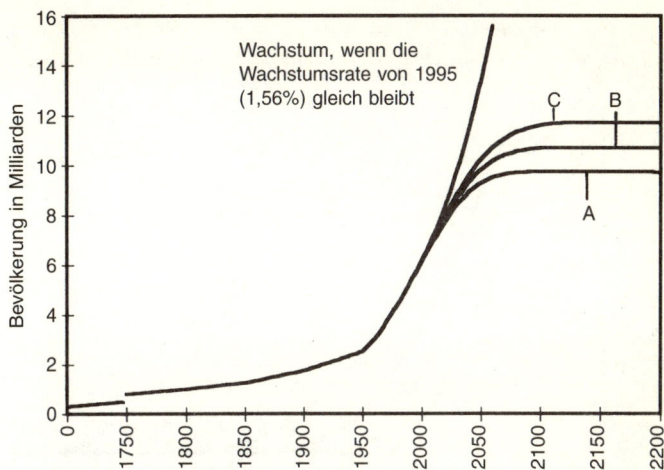

Wachstum, wenn die Wachstumsrate von 1995 (1,56%) gleich bleibt

A = untere, B = mittlere, C = obere Variante

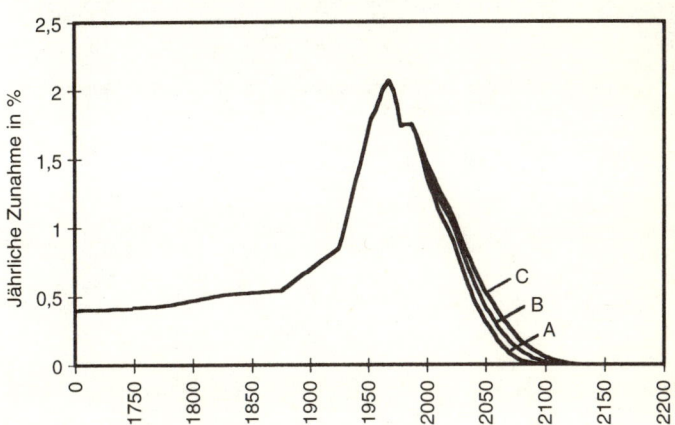

Quellen: 1775 bis 1995 UN (73 u. 94) ab 1995 Birg
(1995, Varianten 40RM, 60RM u. 80RM

Schaubild 7: Jährliche Zunahme der Weltbevölkerung bei unterschiedlich rascher Fertilitätsabnahme in Millionen

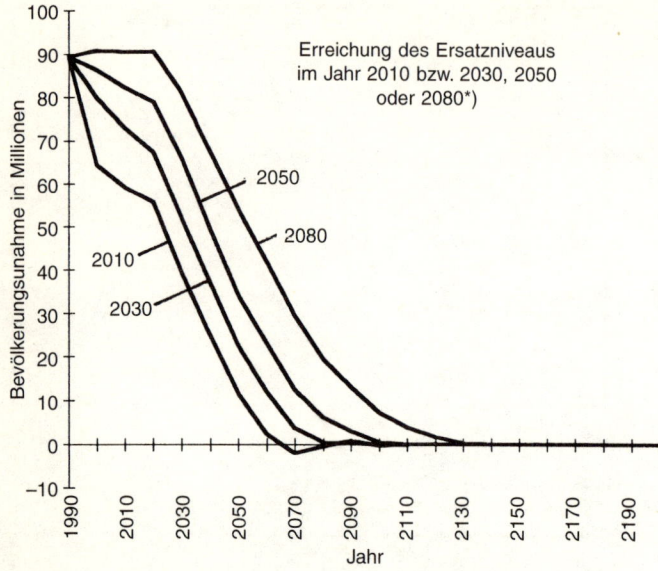

*) Die Jahre geben das Zieljahr an, bis zu dem die Kinderzahl annahmegemäß auf 2,1 pro Frau abnimmt
Quelle: Birg 1995, Seite 136

Schaubild 8: Bevölkerungswachstum 1950–1994 und Projektions-rechnungen für 1995–2050

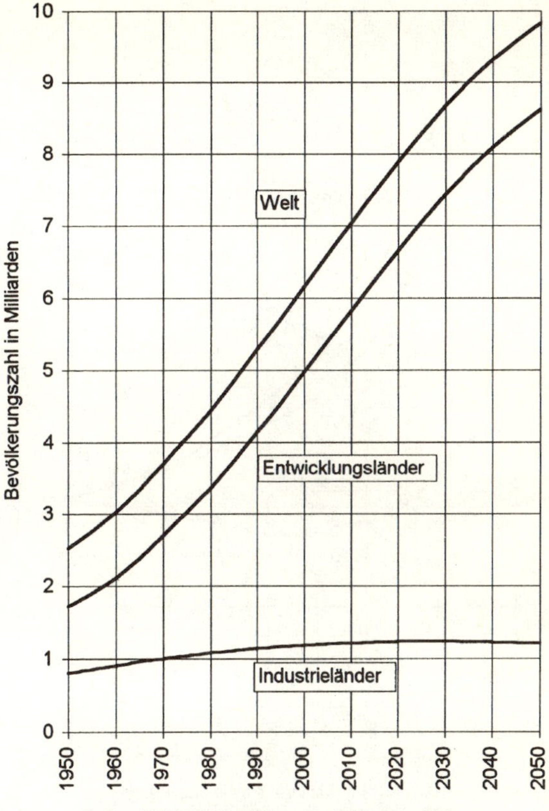

Bevölkerungszahl in Milliarden

Welt

Entwicklungsländer

Industrieländer

10
9
8
7
6
5
4
3
2
1
0

1950 1960 1970 1980 1990 2000 2010 2020 2030 2040 2050

Daten: UN (1994). Mittlere Projektionsvariante.

Schaubild 9: Entwicklung der Geburtenzahl pro Frau 1950–1994 und 1995–2050 (Total Fertility Rate)

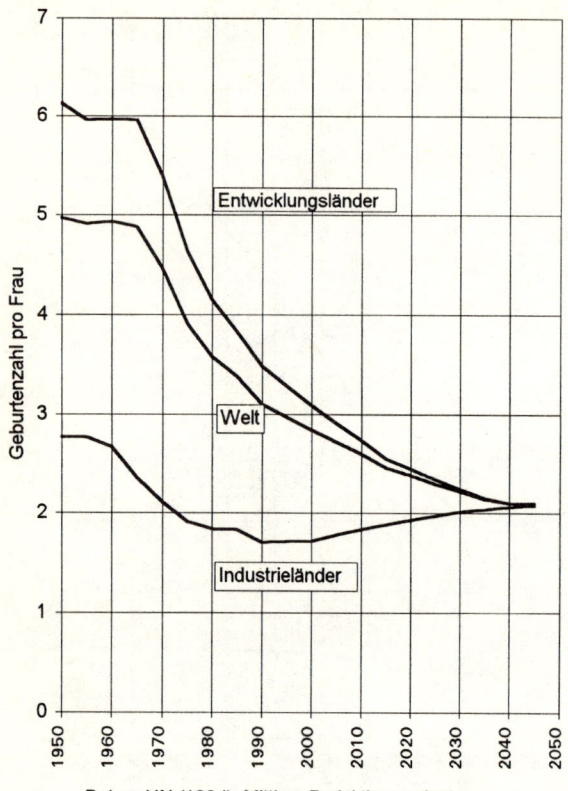

Daten: UN (1994). Mittlere Projektionsvariante.

Schaubild 10: Fertilität und Säuglingssterblichkeit*)

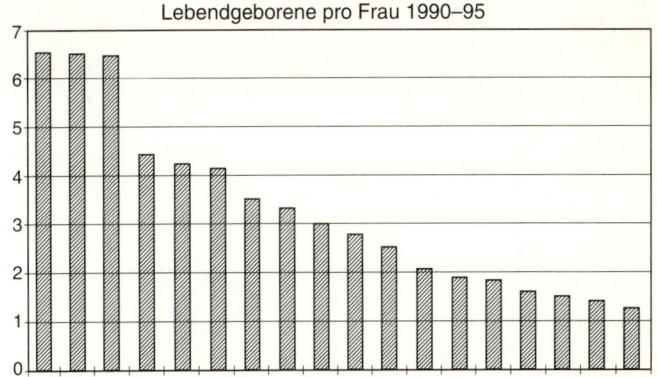

Lebendgeborene pro Frau 1990–95

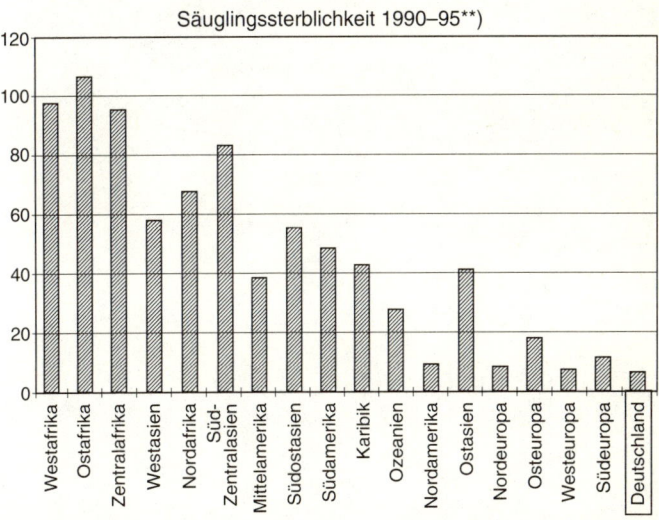

Säuglingssterblichkeit 1990–95**)

*) Ländergruppen gemäß der Rangfolge der Fertilität
**) Gestorbene im ersten Lebensjahr auf 1000 Lebendgeborene
Daten: UN (1994)

Schaubild 11: Zunahme der Weltbevölkerung bei unterschiedlich schneller Abnahme der Geburtenrate

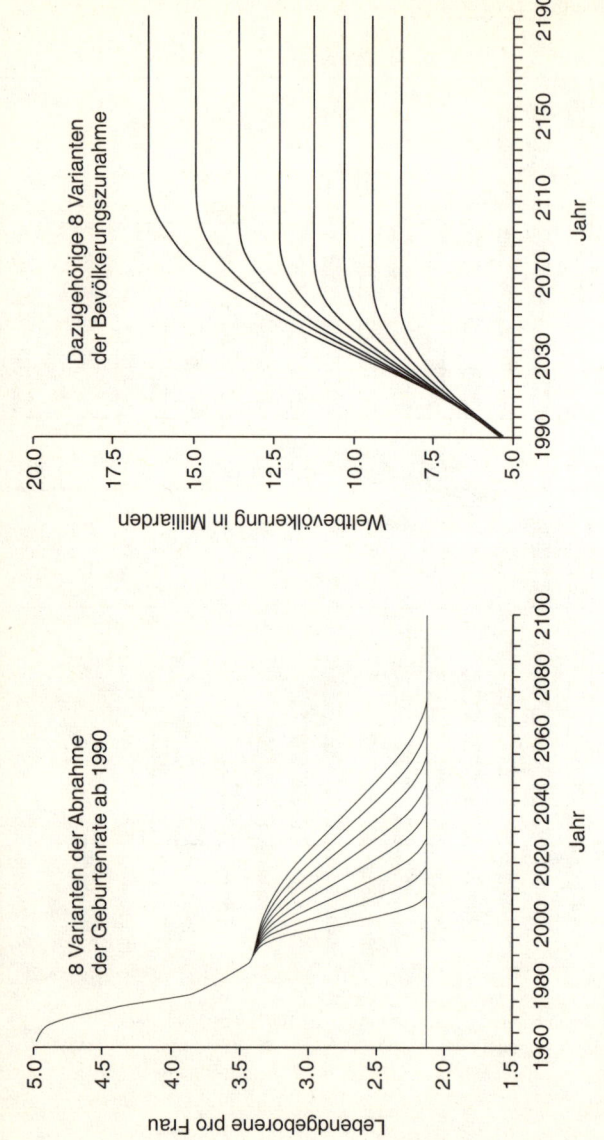

Quelle: Birg 1995, S. 110

106

8. Geographische Verteilung, Urbanisierung und das Wachstum der Megastädte

Zwei Trends von großer Tragweite prägen die internationale Bevölkerungsentwicklung in diesem und im kommenden Jahrhundert: das zunehmende demographische Gewicht der Entwicklungsländer und der weltweite Prozeß der Verstädterung. Bis 2020 wächst die Weltbevölkerung noch jährlich um 80–85 Mio., bis zur Jahrhundertmitte nimmt der jährliche Zuwachs allmählich auf rund 50 Mio. ab, um gegen Ende des 21. Jahrhunderts abzuflachen und allmählich auf null zu sinken. Da fast der ganze Zuwachs auf die Entwicklungsländer entfällt, erhöht sich ihr demographisches Gewicht beträchtlich – ein Prozeß, der schon seit Anfang des 20. Jahrhunderts im Gange ist. Dadurch erhöht sich der Anteil der Entwicklungsländer an der Weltbevölkerung von 80% auf nahezu 90% (UN 1994):

	Bevölkerung (in Mrd.)		
	1950	1995	2050
Industrieländer	0,809	1,167	1,207
Entwicklungsländer	1,711	4,550	8,626
Welt	2,520	5,716	9,833

Innerhalb der Gruppe der Entwicklungsländer erhöht sich der Anteil Asiens und Afrikas. In Asien werden im nächsten Jahrhundert 6 Mrd. Menschen leben, mehr als gegenwärtig in der Welt insgesamt. Besonders hervorzuheben ist, daß nicht mehr China mit seinen 1,2 Mrd. Menschen das bevölkerungsreichste Land sein wird, sondern Indien, dessen Bevölkerung von 1995 bis 2100 von 0,934 auf 1,813 Mrd. zunehmen wird. Weitere gravierende Änderungen sind das Vorrücken von Äthiopien von Platz 22 der bevölkerungsreichsten Länder auf Platz 7, von Pakistan von Platz 7 auf Platz 3 und von Nigeria von Platz 10 auf Platz 4 (Weltbank 1994–95):

Bevölkerung der 10 größten Länder 1995 und 2100 (in Mio.)			
Land	1995	Land (Rang 1995)	2100
(1) China	1199	Indien (2)	1813
(2) Indien	934	China (1)	1630
(3) USA	263	Pakistan (7)	379
(4) Indonesien	193	Nigeria (10)	355
(5) Brasilien	161	USA (3)	344
(6) Russ. Förderation	149	Indonesien (4)	338
(7) Pakistan	129	Äthiopien (22)	334
(8) Japan	125	Brasilien (5)	275
(9) Bangladesch	121	Bangladesch (9)	247
(10) Nigeria	111	Iran (15)	198

Wie die absolute Bevölkerungszahl, so wird sich die Dichte der Bevölkerung (Einwohner pro km^2) in den Entwicklungsländern und im Weltdurchschnitt mehr als verdoppeln. Die Erhöhung der Bevölkerungsdichte stellt für sich allein genommen in der Regel noch kein Problem dar, zumal viele Entwicklungsländer noch immer dünner besiedelt sind als die Industrieländer. Im Durchschnitt aller Entwicklungsländer beträgt die Bevölkerungsdichte 55 Einwohner pro km^2, in Westeuropa ist sie mehr als dreimal so hoch (163), und in Afrika beträgt sie nur ein Siebtel des westeuropäischen Niveaus. Die Dichte ist jedoch als Durchschnittsziffer wenig aussagekräftig. Hinter ihr verbirgt sich eine gewaltige regionale Umschichtung der Bevölkerung durch Binnenwanderungen von den ländlichen Siedlungen in die Städte und die urbanen Agglomerationsräume. Die Existenz großer Städte beruht in den Industrieländern primär auf den Zuwanderungen aus den ländlichen Gebieten mit Geburtenüberschüssen, denn die Geburtenrate der Stadtbevölkerungen unterschreitet das für die Bestandserhaltung der Bevölkerung erforderliche Niveau bei weitem. Im Unterschied dazu wachsen die Städte in den Entwicklungsländern nicht nur durch starke Zuwanderungen aus ländlichen Gebieten, sondern auch durch die Geburtenüberschüsse ihrer Stadtbevölkerungen.

In den Industrieländern ist der Prozeß der Urbanisierung weitgehend zum Stillstand gekommen. Hier ging die Urbanisierung seit den 70er Jahren in den Prozeß der Suburbanisierung über, ein Begriff, mit dem das Wachstum der Peripherien der urbanen Agglomerationsräume bei gleichzeitiger Stagnation oder Schrumpfung ihrer Kernstädte bezeichnet wird. In den Entwicklungsländern wachsen meist nicht nur die Peripherien der urbanen Agglomerationsräume, sondern auch deren Zentren.

Im Jahr 1950 gab es in der Welt nur eine einzige Stadt mit mehr als 10 Mio. Einwohnern – New York. In ihr lebten 1,7% der Städtebewohner der Welt. 1990 waren es 12 Städte (mit 7,1% der Stadtbevölkerung der Welt), und bis zum Jahr 2015 wird es 27 solcher Megastädte (mit 10,9% der Stadtbewohner) geben, davon 23 in den Entwicklungsländern. In den 27 Megastädten werden im Jahr 2015 450 Mio. Menschen leben. Davon entfallen 71 Mio. auf die Industrieländer und 378 Mio. auf die Entwicklungsländer. In den letzten beiden Jahrzehnten war die jährliche Wachstumsrate besonders hoch in Bombay (3,7%), Dhakka (7,6%), Lagos (6,7%) und Karachi (4,7%). Bei diesen Wachstumsraten verdoppelt sich die Bevölkerung in 19 Jahren (Bombay), bzw. in 15 Jahren (Karachi), 10 Jahren (Lagos) und 9 Jahren (Dhakka).

Tokyo war 1994 der größte urbane Agglomerationsraum (26,5 Mio.), gefolgt von New York (16,3) und Sao Paulo (16,1). Tokyo hat den ersten Platz seit 1970 inne und wird ihn nach den Projektionsrechnungen der UN (1994) bis 2015 behalten. New York fiel von 1960 bis 1970 vom ersten auf den zweiten Platz, und es wird bis 2000 weiter auf den fünften und bis 2015 auf den elften Platz zurückfallen. Die Liste der größten 15 urbanen Agglomerationsräume ändert sich vor allem durch das Wachstum der Megastädte in den Entwicklungsländern. Bis zum Jahr 2000 werden Lagos (Nigeria), Karachi (Pakistan) und Neu Delhi (Indien) zu den größten 15 gehören; dagegen werden Rio de Janeiro, Osaka und Buenos Aires aus dieser Gruppe ausscheiden. Dhakka (Bangladesch) wird bis 2010 Seoul ersetzen. Lagos wird nach Tokyo und Bombay der drittgrößte Agglomerationsraum der Welt sein, vorausgesetzt, daß sich das Wachstum unter Status-quo-Bedingungen fortsetzt und die Entwicklung nicht, wie in Ruanda, in Bürgerkrieg und Chaos endet.

Von den verschiedenen demographischen Ursachen der bevölkerungsgeographischen Veränderungen haben die Migrationsprozesse das größte Gewicht. Wichtig sind auch die regionalen Unterschiede hinsichtlich der Fertilität, während die regionalen Unterschiede der Mortalität von geringerer Bedeutung sind. Wie in Kapitel 6 erläutert, steht vor allem die Fertilität in Wechselwirkung mit ökonomischen und sozialen Prozessen. Dabei wurde durch zahlreiche Untersuchungen empirisch belegt, daß die Fertilität einer Region bzw. eines urbanen Agglomerationsraumes umso niedriger ist bzw. umso rascher abnimmt, je höher das Pro-Kopf-Einkommen ist und je schneller es wächst.

In den ökonomisch am stärksten expandierenden Agglomerationsräumen Asiens ist die Fertilität bereits unter das Ersatzniveau gesunken; sie nähert sich dem westeuropäischen Niveau. In diesen Ländern ist die Dynamik der ökonomischen Entwicklung die entscheidende Bestimmungsgröße sowohl für das Bevölkerungswachstum als auch für die regionale Verteilung der Bevölkerung. Daß der Anteil der Weltbevölkerung, die in Städten lebt, von 1950 bis 1995 von 29,3 auf 45,2% zunahm, ist unter den vielen Größen, die die weltweite Abnahme der Geburtenrate verursacht haben, der wichtigste statistische Einzelindikator. Er ist ein komplexes Maß, in dem sich Größen wie die Alphabetisierung der Bevölkerung, die Stellung der Frau, das Pro-Kopf-Einkommen, die Säuglings- und Kindersterblichkeit und das Niveau der Lebensbedingungen widerspiegeln. Bis zum Jahr 2025 wird von der UN ein weiterer Anstieg des Anteils der Stadtbevölkerung auf 61% vorausberechnet – ein Trend, der mit dem erhofften bzw. erwarteten Rückgang der Geburtenrate in der Zukunft in enger Beziehung steht: Die Urbanisierung ist eine Bedingung des Fertilitätsrückgangs und der Fertilitätsrückgang führt zu regionalen Ungleichgewichten der Geburtenbilanz, die Wanderungsströme auslösen und dadurch den Prozeß der Urbanisierung intensivieren.

9. Demographisch verursachte Problemketten und Dilemmata zwischen Bevölkerungs-, Entwicklungs- und Umweltpolitik

Alle drei Hauptprozesse der demographischen Entwicklung – die Fertilität, die Mortalität und die Migration – sind erfahrungsgemäß außerordentlich schwer politisch zu steuern oder auch nur zu kontrollieren. Man tut deshalb gut daran, das prognostische Potential demographischer Projektions- und Simulationsmodelle zu nutzen, um sich ein realistisches Bild von der durch die Altersstruktur und durch die Verhaltenstrends (generatives Verhalten, Lebenserwartung, Wanderungsverhalten) weitgehend vorprogrammierten Entwicklung zu bilden. Für jedes der 328 Länder der Welt mit mindestens 150 000 Einwohnern liegen je drei Projektionsrechnungen vor (untere, mittlere, obere Variante). Hinzu kommt eine Simulationsrechnung, die auf der (bewußt fiktiven) Annahme beruht, daß die Fertilität bis zum Jahr 2050 unverändert bleibt (UN 1994). Der Sinn dieses „constant fertility scenarios" ist, zu zeigen, daß etwas geschehen muß, damit die errechneten Szenarios *nicht* eintreffen.

Das „*constant fertility scenario*" ergibt für Westeuropa von 1995 bis 2050 eine Bevölkerungsschrumpfung von 180 auf 149 Mio. und für die Entwicklungsländer einen Bevölkerungszuwachs von 4,5 Mrd. auf 14,9 Mrd. In Deutschland würde die Bevölkerungszahl (ohne kompensierende Einwanderungen) von rd. 80 Mio. auf 48 Mio. abnehmen (Birg, Flöthmann 1993). Die Bevölkerungsschrumpfung wurde bisher in Deutschland von den Regierungen im Gegensatz zum Bevölkerungswachstum der Entwicklungsländer nicht zu den „Weltbevölkerungsproblemen" gerechnet. Es ist aber hohe Zeit, zu erkennen, daß sich die Weltbevölkerung aus demographisch wachsenden und demographisch schrumpfenden Populationen mit ganz unterschiedlichen, demographisch verursachten Folgeproblemen zusammensetzt. Dabei geht ein bestimmtes

Problem mit großer Folgerichtigkeit aus einem anderen hervor, so daß man von einer demographisch verursachten Problemkette sprechen kann.

Dies sei am Beispiel Deutschlands illustriert, einem Land mit extrem niedriger Fertilität (z.Zt. 1,3 Lebendgeborene pro Frau), der intensivsten demographischen Schrumpfung (ohne Einwanderungen) und den drastischsten sozialen und ökonomischen Konsequenzen. Hier schrumpft die Bevölkerung seit Anfang der 70er Jahre, was nur deshalb nicht auffällt, weil das Geburtendefizit bisher durch Einwanderungen mehr als ausgeglichen wurde. Deutschland hat (auf 100 000 Einwohner) ein Mehrfaches an Einwanderungen als die klassischen Einwanderungsländer USA, Kanada und Australien. Die jährliche Zahl der Einwanderungen pro 100 000 Einwohner betrug z.B. in den 80er Jahren (also bereits vor dem Zusammenbruch des Ostblocks) in die USA 245, nach Kanada 479 und nach Australien 694; nach Deutschland kamen 1022 Zuwanderer auf 100 000 Einwohner. Nach dem Zusammenbruch des Ostblocks stieg die Zahl der Zuwanderer nach Deutschland sogar auf 1566 pro 100 000 Einwohner (1993).

Gesetzt den hypothetischen Fall, daß sich der politische Wille entwickelt, das Geburtendefizit durch Einwanderungen auszugleichen, um z.B. die wirtschaftlichen Nachteile der Bevölkerungsschrumpfung zu vermeiden, müßten bei gleichbleibender Geburtenrate (1,4 Lebendgeborene pro Frau) und selbst bei steigender Geburtenrate (auf 1,6 Lebendgeborene pro Frau) ab den 40er Jahren des nächsten Jahrhunderts ständig jährlich ebenso viele Menschen zuziehen wie unter den einmaligen Ausnahmebedingungen nach dem Zusammenbruch des Ostblocks: Mehr als eine Million pro Jahr, das sind beträchtlich mehr als die jährliche Geburtenzahl. Der Wanderungssaldo (= Differenz zwischen der jährlichen Zahl der Zugezogenen und Fortgezogenen) müßte dann bis zur Mitte des 21. Jahrhunderts auf 500 000 bis 650 000 pro Jahr wachsen. Die einheimische Bevölkerung wäre dann nicht nur in den großen Städten bald in der Minderheit (in den großen Städten wird dies bei den unter 40jährigen ohnehin auch bei nur moderaten Zuwanderungen schon bald der Fall sein), sondern sogar im Durchschnitt des gesamten Landes.

So erstaunlich diese (in der Fachwelt wenig umstrittene) Entwicklung ist – mindestens ebenso viel Erstaunen erregt die Art, wie die politische Öffentlichkeit mit diesen Informationen umgeht. Am 15. 1. 96 wurden die demographischen Fakten und Prognosen anläßlich einer Anhörung des Deutschen Bundestags vor der *Enquete-Kommission „Demographischer Wandel"* durch Experten vorgetragen und erläutert. Zwei Tage später fand eine andere Sitzung aus Anlaß der Telefongebührenänderung statt. Über diese zweite Sitzung wurde in den Medien breit berichtet. Über die verschiedenen Sitzungen der Enquete-Kommission „Demographischer Wandel", die schon seit Dezember 1992 tätig ist und deren Arbeit auf Beschluß des Bundestages seit 1. 6. 95 fortgesetzt wird, erfuhr die Öffentlichkeit sehr wenig. Das Friedenskomitee 2000 stellte dazu fest: „Es gibt Dinge, die sind so unvorstellbar, daß man sie am liebsten verdrängt. Dazu gehört die Prognose, daß in einigen Jahrzehnten die Deutschen in Deutschland eine Minderheit sein werden. Das Deutsche Volk des Grundgesetzes als Träger der Staatsgewalt wird es dann nicht mehr geben" (Argumentationspapier des Friedenskomitees 2000, 4/1995). Es fällt in der Tat sehr schwer, sich diesen Problemen zu stellen. Tut man es, kommt einem unwillkürlich folgender Vergleich in den Sinn: Durch das Treibenlassen seiner demographischen Probleme gefährdet sich Deutschland im 21. Jahrhundert auf eine ähnlich existenzbedrohende Weise wie durch die beiden Weltkriege im 20. Jahrhundert.

Ob das von Jahr zu Jahr steigende Geburtendefizit in Deutschland vollständig oder teilweise durch Einwanderungen ausgeglichen wird, ist für die Kette der Folgeprobleme der niedrigen Fertilität nicht entscheidend. So wird sich z.B. die *demographische Alterung* in jedem Fall intensivieren (*Schaubild 12*, unterer Teil). Die demographische Alterung ist ein relativer Begriff. Damit ist nicht in erster Linie die Zunahme der Zahl der Älteren infolge der steigenden Lebenserwartung gemeint, sondern die Zunahme des Verhältnisses aus der Zahl der über 60jährigen auf 100 Personen im mittleren Alter von 20–60 (= *Altenquotient*). Der Altenquotient wird auch bei hohen Zuwanderungen von meist jungen Personen stark zunehmen, weil die jungen Zugewanderten 30 Jahre später zu den Älteren gehören. In Deutschland erhöht sich der Altenquotient bis 2030 von 35 auf etwa 70, d.h. auf 100 Personen im Alter von 20–60 Jahren entfallen dann nicht mehr 35, sondern 70 Personen im Alter über 60 (ohne Zuwanderungen ergibt sich eine Erhöhung auf etwa 80).

Daraus entstehen eine Reihe von Konsequenzen für die sozialen Sicherungssysteme. Der Beitrag zur Rentenversicherung müßte – je nach der Art der unvermeidlichen nächsten Rentenreform – von 19,2% auf 26 bis 30% angehoben werden. Bedingt durch die bei Älteren höheren Pro-Kopf-Ausgaben für die Gesundheit müßte der Beitrag zur Krankenversicherung von 13,2% auf 16 bis über 20% steigen, und bei der Pflegeversicherung wäre ein Anstieg von 1,7% auf etwa 3 bis 5% erforderlich – Änderungen, durch die sich die Belastungen der Arbeitsentgelte durch Sozialabgaben drastisch erhöhen werden. Als Folge davon werden die im internationalen Vergleich jetzt schon sehr hohen Lohnnebenkosten weiter zunehmen, statt abzunehmen, so daß weitere Arbeitsplatzverlagerungen ins Ausland wahrscheinlich sind. Dies wiederum wird die Arbeitslosigkeit erhöhen und die finanziellen Probleme der Sozialversicherung noch verstärken.

Zu den ökonomischen Folgeproblemen kommen spezifische gesellschaftliche Konsequenzen, vor allem die Polarisierung der Gesellschaft in eine Gruppe von zeitlebens kinderlosen Frauen und Frauen mit Kindern. Die Polarisierung ergibt sich aus der Tatsache, daß der Rückgang der durchschnittlichen Kinderzahl pro Frau vor allem auf der Zunahme des Anteils der zeitlebens kinderlosen Frauen auf mittlerweile 20–25% eines Jahrgangs beruht, während die Kinderzahl derjenigen Frauen, die Kinder haben, weit weniger stark abnahm (Birg u. Flöthmann 1996).

In den Entwicklungsländern beginnt die demographisch verursachte Problemkette bei der hohen Fertilität und dem ra-

Schaubild 12: Alterspyramiden

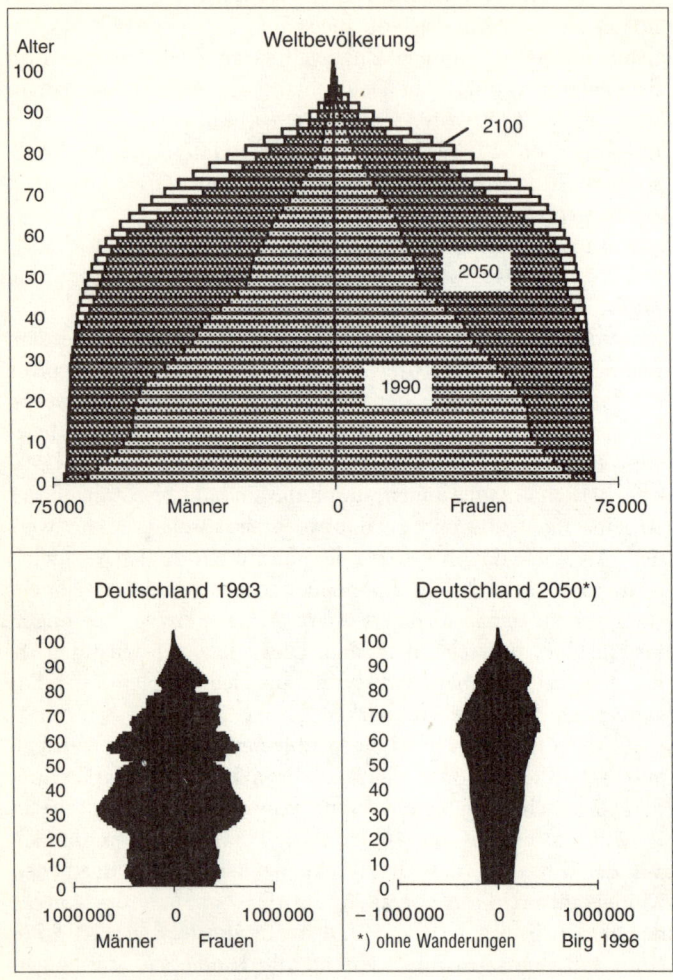

Weltbevölkerung

Alter

2100

2050

1990

75 000 — Männer — 0 — Frauen — 75 000

Deutschland 1993

1 000 000 — 0 — 1 000 000
Männer — Frauen

Deutschland 2050*)

− 1 000 000 — 0 — 1 000 000
*) ohne Wanderungen — Birg 1996

schen Bevölkerungswachstum. Da soziale Sicherungssysteme weitgehend fehlen, sind Kinder aus der Sicht rational planender Eltern als eine Art lebendes, familiales Sozialversicherungssystem und als Arbeitskräfte in Landwirtschaft und Kleingewerbe wirtschaftlich von großer Bedeutung. Hinzu kommen die meist pronatalistischen Wirkungen praktisch aller Kulturen und Weltreligionen. Eines der wichtigsten Folgeprobleme des hohen Bevölkerungswachstums ist die Massenarbeitslosigkeit der jungen Generationen, die ihre Eltern ökonomisch nicht nur nicht unterstützen können, sondern ihnen sogar noch zur Last fallen. Diese Massenarbeitslosigkeit ist ein umso gravierenderes Problem, weil sich der Anteil der zu versorgenden über 65jährigen Bevölkerung durch die fallende Geburtenrate und die steigende Lebenserwartung in den Entwicklungsländern noch stärker erhöht als in den Industrieländern: In den Industrieländern steigt dieser Anteil von 1990 bis 2050 von 12,1 auf 21,9%, in den Entwicklungsländern verdreifacht er sich fast von 4,7 auf 12,9% (UN 1992):

| | Anteil der Bevölkerung im Alter über 65(%) | | |
	1990	2050	2100
Welt	6,2	14,0	21,6
Industrieländer	12,1	21,9	24,9
Entwicklungsländer	4,7	12,9	21,3

Das Fehlen der sozialen Sicherungssysteme führt zu extremen Schichtunterschieden der Lebensbedingungen und zur Destabilisierung der sozialen, gesellschaftlichen und staatlichen Strukturen. Am Ende der Problemkette stehen Armutsflüchtlinge, Asylsuchende, Umweltflüchtlinge und Bürgerkriegsflüchtlinge – die die Industrie- und Entwicklungsländer als legale oder illegale Einwanderer miteinander verbinden.

Die Umweltprobleme wie die anthropogene Erwärmung der Erdatmosphäre, die Zerstörung der schützenden Ozonschicht, das Artensterben, die Ausbeutung der natürlichen Ressourcen, die Verschmutzung und Vergiftung der Gewässer, der Verlust fruchtbarer Böden durch Erosion, die Vernichtung der tropi-

Schaubild 13: Ökonomische Weltkarte (Die Flächen der Länder sind proportional zu ihrem Bruttosozialprodukt)

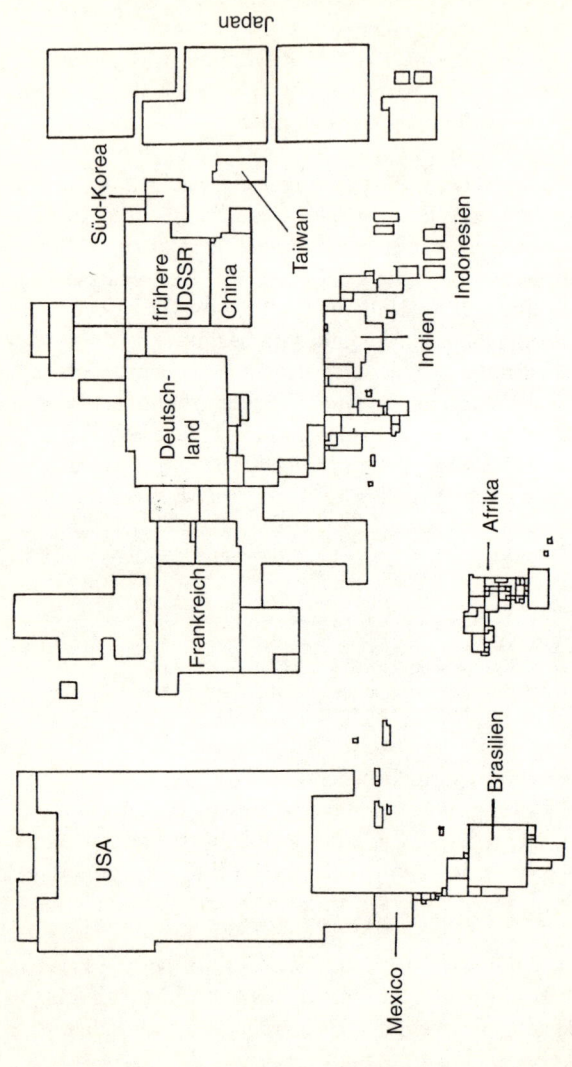

Schaubild 14: Demographische Weltkarte (Die Flächen der Länder sind proportional zu ihrer Geburtenzahl)

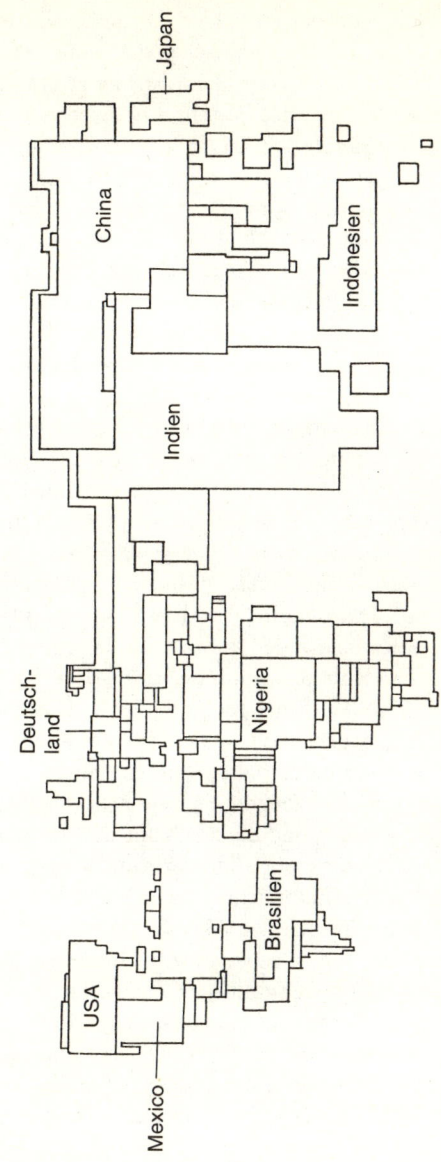

schen Regenwälder und der Urwälder Nordamerikas etc. bilden eine eigene Gruppe demographisch verursachter Folgeprobleme. Am Anfang dieser Problemkette stehen zwei miteinander verbundene Faktoren – der *quantitative Faktor* „Zahl der Menschen" und der *qualitative Faktor* „Verhaltensweisen". In den Industrieländern überwiegt der Faktor „Verhalten" – das sind die Konsum- und Produktionsweisen der Menschen – den quantitativen Faktor Bevölkerungszahl bei weitem. Deshalb ist von einer Bevölkerungsschrumpfung, wenn überhaupt, keine große Entlastung der Umwelt zu erwarten. So wurde z.B. errechnet, daß eine Scheidung infolge der dadurch bedingten Gründung eines zusätzlichen Haushalts und die so verursachte Steigerung des Energieverbrauchs zu einer stärkeren Erhöhung des Ausstoßes an Kohlendioxid führt als die entsprechende Steigerung, die sich aus der Geburt eines Kindes in den Entwicklungsländern ergibt (F. Landis u. a. 1995).

Dem demographischen Übergewicht der Entwicklungsländer entspricht ein ökonomisches Übergewicht auf seiten der Industrieländer (s. die ökonomische und die demographische Weltkarte in den *Schaubildern 13* und *14*). Dies zeigt sich z.B. daran, daß viele Konzerne der Industrieländer einen Umsatz haben, der größer ist als das gesamte Bruttosozialprodukt eines Entwicklungslandes. Ein anderes Beispiel: Die Zahl der Kraftfahrzeuge in Nordrhein-Westfalen ist so groß wie die des Kontinents Afrika. Bei industriell erzeugten Gütern und beim Verbrauch kommerziell erzeugter Energie liegt der Pro-Kopf-Verbrauch an Ressourcen und die Pro-Kopf-Emission umweltschädigender Substanzen in den Industrieländern gegenwärtig noch um mehr als das Zehnfache über den Pro-Kopf-Zahlen der heutigen Entwicklungsländer. Aber die Entwicklungsländer setzen alles daran, die Industrialisierung nachzuholen. Wenn es nicht um kurzfristige umweltpolitische Ziele geht, sondern um die Lebensinteressen künftiger Generationen, gewinnt die quantitative Komponente – das Bevölkerungswachstum der Entwicklungsländer – ein entscheidendes Gewicht. Das schlimmste Szenario ist, daß die negativen Umweltauswirkungen des quantitativen und die des qualitativen demographischen Faktors kombiniert auftreten und sich multiplizieren. Genau dies ist bereits im Gange. Auf Grund seiner großen Bevölkerungszahl und seines stürmischen Wirtschaftswachstums könnte China schon in zehn Jahren der zweitgrößte Emittent an Kohlendioxid nach den USA sein. Bei der Emission von Schwefeldioxid ist China schon dabei, die USA zu überrunden.

Nach Untersuchungen der Bundestagsenquete-Kommission „Schutz der Erdatmosphäre" betrug die Menge des energiebedingten, von den Industrieländern emittierten Treibhausgases CO_2 zur Mitte der 90er Jahre 18,4 Mrd. Tonnen, die von den Entwicklungsländern emittierte Menge dagegen nur 5,6 Mrd. Tonnen. Pro-Kopf ist die Diskrepanz zwischen Industrie- und Entwicklungsländern noch wesentlich größer:

Industrieländer	14,7 Tonnen pro Kopf und Jahr
Entwicklungsländer	1,3 Tonnen pro Kopf und Jahr
Welt	4,2 Tonnen pro Kopf und Jahr

Zu den Gefahren des anthropogenen Treibhauseffekts gehören: Meeresspiegelanstieg, Niederschlagsänderungen, Änderungen der Windgeschwindigkeiten und der Häufigkeit von Stürmen, Verschiebung der Vegetationszonen, Schwund des Permafrostes, veränderte Schädlingshäufigkeit und Ausbreitung von Krankheiten usw. Die Klimaänderungen haben eine Fülle von Auswirkungen auf die Wirtschaft, insbesondere die Landwirtschaft, die Ernährung, die Verkehrs- und Siedlungssysteme usw. Aus der Fülle der von der Enquete-Kommission genannten Beispiele sei hier das folgende ausgewählt: „Gebiete mit relativ geringem landwirtschaftlich nutzbaren Flächenanteil, die gleichzeitig nach Klimamodellrechnungen mit reduzierter Bodenfeuchte zu rechnen haben, sind: Maghreb, Westafrika, Horn von Afrika, südliches Afrika, Westarabien, Teile Südostasiens, Mexiko, Mittelamerika, Teile Ostbrasiliens . . ." Die Regionen, die Getreide exportieren, müssen besonders betrachtet werden. So ist z.B. der größte Teil des Inneren Nordamerikas nach den Ergebnissen der Klimamodelle von einer reduzierten Bodenfeuchte betroffen.

Schaubild 15: Demographisch verursachte Problemketten in Industrie- und Entwicklungsländern

Industrieländer (niedrige Geburtenrate)	Entwicklungsländer (hohe Geburtenrate)	Welt (hohe Geburtenrate)
1. Drohende bzw. schon faktische Bevölkerungsschrumpfung (ohne Einwanderungen)	Bevölkerungswachstum	Weltweites Bevölkerungswachstum von 6 auf mindestens 8, wahrscheinlich auf 10 Mrd.
2. Demographische Alterung der Gesellschaft	Massenarbeitslosigkeit, vor allem der jungen Generationen	
3. Gefährdung der Sozialversicherungssysteme (Alters- und Krankenversicherung u. a. m.)	Weitgehendes Fehlen sozialer Sicherungssysteme (Alters- und Krankenversicherung)	Zunehmende internationale Disparitäten zwischen reichen und armen Ländern
4. Polarisierung der Gesellschaft in eine reproduktive und eine nichtreproduktive (zeitlebens kinderlose) Bevölkerungsgruppe	Extreme Schichtunterschiede der Lebensbedingungen, soziale und politische Destabilisierung	Die Bevölkerungsentwicklung ist Multiplikator der nationalen und internationalen Umweltprobleme
5. Verknappung der Arbeitskräfte. Ökonomisch und politisch induzierte massenhafte Einwanderungen	Armutsflüchtlinge, Umweltflüchtlinge, Bürgerkriegsflüchtlinge, Asylsuchende	Steigender supranationaler Handlungsbedarf
6. ← Ethnische und interkulturelle Spannungen und Konflikte →		
7. Zunahme des staatlichen Lenkungsbedarfs	Konfliktverlagerung nach außen und Kriegsgefahr	
8. ← Grenzüberschreitende Umweltprobleme (Klimaänderung u. a. m.) →		

Bei den internationalen Bemühungen um eine Begrenzung der energiebedingten CO_2-Emissionen gibt es zwei Hauptprobleme: 1. der steigende Energiebedarf durch den wirtschaftlichen Wachstumsprozeß der Entwicklungsländer, 2. die extremen

Diskrepanzen zwischen den Pro-Kopf-Emissionen der Industrie- und Entwicklungsländer. Die Verwirklichung des von der UN proklamierten „Rechts auf Entwicklung" kollidiert mit dem gleichzeitig proklamierten „Recht auf eine gesunde Umwelt", und beide gemeinsam werden vom „Recht auf demographische Selbstbestimmung" beeinträchtigt, falls dessen Verwirklichung bedeutet, daß sich die Bevölkerungswachstumsrate nicht oder nicht schnell genug verringert. Das Dilemma ergibt sich aus folgendem Zusammenhang: Die zwei wichtigsten Indikatoren für den Entwicklungsstand eines Landes sind das „Pro-Kopf-Einkommen" und die „Lebenserwartung". Beide korrelieren positiv mit den energiebedingten „Pro-Kopf-Emissionen von CO_2". Eine Zurückdämmung der CO_2-Emissionen in den Entwicklungsländern bzw. eine Verhinderung ihres Anstiegs müßte daher mit einer Einbuße ihrer Entwicklungsziele bezahlt werden.

Nach dem Gerechtigkeitsprinzip müssen den Entwicklungsländern die gleichen Pro-Kopf-Emissionen an CO_2 zugestanden werden wie den Industrieländern. Stellt man gleichzeitig die Forderung auf, daß die CO_2-Emissionen weltweit zumindest nicht weiter zunehmen dürfen, dann lassen sich beide Forderungen nur erfüllen, wenn sich z.B. die Pro-Kopf-Emissionen der Entwicklungsländer verdoppeln und die der Industrieländer um 85% reduziert werden. Im Jahre 2050 betrüge die Pro-Kopf-Emission unter diesen Annahmen in beiden Ländergruppen einheitlich 2,27 Tonnen pro Jahr. Diese als Welt-I-Szenario bezeichnete Entwicklung würde zwar immer noch keine Reduzierung, aber wenigstens keine Zunahme der jetzt noch weltweit wachsenden absoluten CO_2-Emissionen bedeuten. Das Welt-I-Szenario ist wahrscheinlich unrealistisch, und zwar aus zwei Gründen: Erstens erscheint eine 85%ige Reduktion der Pro-Kopf-Emissionen in den Industrieländern als ein zu ehrgeiziges, nicht erreichbares Ziel; zweitens: Eine nur auf das Doppelte wachsende Pro-Kopf-Emission in den Entwicklungsländern reicht nicht aus, um die angestrebte Steigerung des Pro-Kopf-Einkommens und das dafür nötige Wirtschaftswachstum zu ermöglichen.

Wenn es aber tatsächlich gelänge, das *Welt-I-Szenario* zu verwirklichen, würden die Entwicklungsländer auf Grund ihrer hohen und wachsenden Bevölkerung im Jahr 2050 20 Mrd. Tonnen CO_2 emittieren und die Industrieländer 3,3 Mrd. Tonnen – zusammen wären dies rd. 23 Mrd. Tonnen gegenüber 24 Mrd. Tonnen heute. Dies würde dann bedeuten, daß sich die Belastungsrelationen umkehren: Heute ist die Belastung durch die Industrieländer mehr als dreimal so groß wie durch die Entwicklungsländer, im Jahr 2050 wäre die *Belastung durch die Entwicklungsländer sechsmal so groß wie die durch die Industrieländer.*

Die Enquete-Kommission *„Schutz der Erdatmosphäre"* schlägt ein viel drastischeres Reduktionsszenario vor, bei dem die Gesamtemissionen der Welt von 24 Mrd. Tonnen (1995) auf 10 Mrd. Tonnen (2050) zurückgehen. Bei dieser als *Welt-II-Szenario* bezeichneten Entwicklung sollen zwar die Industrieländer ebenfalls die Pro-Kopf-Emissionen um 85% verringern, aber auch die Entwicklungsländer müßten ihre Pro-Kopf-Emissionen zurückschrauben, und zwar von 1,3 (1995) auf nur noch 0,81 Tonnen im Jahr 2050. Durch den Vorschlag der Kommission wäre das Umwelt-Ziel zwar besser erfüllt, aber dies stünde im Widerspruch zum Recht auf Entwicklung bzw. zum Gerechtigkeitsziel (gleicher Anspruch auf Pro-Kopf-Emissionen). Das Dilemma ist unlösbar.

Die Menschen in den Entwicklungsländern haben das Ziel, den gleichen Weg des Konsumwohlstandes, den immer mehr Menschen in den Industrieländern als Irrweg erkannt haben, so schnell wie möglich ebenfalls zu beschreiten. Sie versuchen, genau das zu tun, was wir an uns selbst kritisieren: so viel wie möglich zu konsumieren. Nichts spricht dafür, daß die Menschen in den Entwicklungsländern bessere Menschen sind oder daß sie ein grundsätzlich anderes Verhältnis zur Natur haben als wir. Es ist daher nicht zu erwarten, daß sich die hinduistischen, konfuzianischen oder islamischen Kulturen im Hinblick auf die globalen Umweltprobleme der abendländischen Kultur als überlegen erweisen. Ich bin eher vom Gegenteil überzeugt, denn die Idee der Menschenrechte und der Gedanke der Verantwortung des Einzelnen und der Nationen gegenüber der Menschheit als Ganzes sind Ideen, die in der abendländischen Kultur entstanden. Bei der Eindämmung der globalen Umweltprobleme werden sie sich noch als existentiell wichtig erweisen. Es kommt allerdings darauf an, sie zu verwirklichen. Dazu müssen wir dem gesellschaftlichen Fortschritt, der nach Malthus aus demographischen Gründen unmöglich ist, weltweit zum Durchbruch verhelfen.

10. Bevölkerungsentwicklung, Ethik und Politik

Ist eine Bevölkerungsentwicklung vorstellbar, bei der es weder die Bevölkerungsprobleme des Wachstums noch die der Schrumpfung gibt? Bei einer stationären Bevölkerung mit konstanter Zahl und gleichbleibender Altersstruktur ließen sich offenbar beide Arten von Bevölkerungsproblemen vermeiden, aber mit welchen sozialen und ökonomischen Konsequenzen müßte dann eventuell gerechnet werden? Anders formuliert: Welche Bevölkerungsentwicklung wäre in einem wie auch immer definierten Sinn optimal, und unter welchen Bedingungen könnte sie erreicht werden?

Derartige Fragen spielten schon vor Jahrhunderten eine große Rolle. Die Antworten der Philosophen orientierten sich in der Renaissance an Platos „Idealem Staat". Die radikalen philosophischen Vorstellungen führten zum Entwurf des Landes „Utopia", für dessen Verwirklichung eine totalitäre Politik extremster Form vorgeschlagen wurde, z.B. die Schaffung eines staatlich organisierten Heiratsmarktes mit behördlich geregeltem Geschlechtsverkehr und eugenischen Maßnahmen zur Tötung Neugeborener, die den Qualitätskriterien des Idealen Staates nicht entsprachen. Seit dem Zweiten Weltkrieg hat die Frage nach der „optimalen" Bevölkerungsentwicklung etwas so Abschreckendes, daß sie kaum noch diskutiert wird. Es gibt zwar eine bestimmte Richtung in den Wirtschaftswissenschaften, in der die Frage der „optimalen" Bevölkerung unter dem Stichwort „Bevölkerungsökonomie" als Teilgebiet der Wirtschaftswissenschaften aufgefaßt wird – nicht als Teilgebiet der Bevölkerungswissenschaft –, aber diese ökonomischen Theorien und Modelle haben nichts mit den Renaissance-Utopien gemeinsam. In den ökonomischen Modellen von heute wird zwar auch die Funktionsweise von Heiratsmärkten untersucht, aber die Frage nach der optimalen Fertilität wird in der Regel so gestellt, als ob die Individuen – nicht der Staat – die Kinderzahl nach bestimmten Kriterien optimierten, wobei das Kriterium der Nutzenmaximierung, wie bei Ökonomen üblich, auch beim generativen Verhalten das alles entscheidende Kriterium bildet. Die Bevölkerungsökonomie versteht sich, wie gesagt, als Teilgebiet der Ökonomie, und dies hat zur Folge, daß die bevölkerungsökonomischen Debatten fast nur von Ökonomen geführt werden und außerhalb der Ökonomie nur eine geringe oder gar keine Rolle spielen.

Wenn man die Frage der „optimalen" Bevölkerung in einer Weise untersucht, wie dies in der modernen mathematischen Demographie in der Theorie der „stabilen Bevölkerungsentwicklung" (G. Feichtinger) geschieht, die mit den Renaissance-Utopien außer dem Begriff Bevölkerung nichts gemeinsam hat, erweisen sich die verständlichen Vorbehalte gegenüber dieser Fragestellung als unbegründet. Man kann sogar sagen, daß die Antworten, die die formale, mathematische Demographie auf diese Fragen gibt, eine solide Grundlage für einen Optimismus bieten können, zu dem es beim Thema Bevölkerungsentwicklung sonst wenig Anlaß gibt. Mit den Modellen der Bevölkerungsmathematik läßt sich folgende Frage untersuchen: Bei welcher Bevölkerungsentwicklung ist das zahlenmäßige Verhältnis aus der Summe der älteren Bevölkerung, die nicht mehr erwerbstätig ist, und der jungen Bevölkerung, die noch nicht erwerbstätig ist, zur Erwerbsbevölkerung in der mittleren Altersgruppe so klein wie möglich? Anders ausgedrückt: Bei welcher Fertilität (Kinderzahl pro Frau) erreicht dieses Verhältnis für ein gegebenes Mortalitätsniveau ein Minimum?

Stellt man die Frage nach der optimalen Bevölkerung in dieser Weise, befindet man sich im Zentrum der Probleme der Sozialpolitik: Die Relation der älteren und der jungen Bevölkerung zur Bevölkerung im mittleren Alter ist die zentrale demographische Kennziffer für die Ermittlung des *Belastungsquotienten* – eine entscheidende sozialpolitische Kategorie, aus der sich die finanziellen Lasten der mittleren Generation durch Beitragszahlungen an die verschiedenen Systeme der sozialen Sicherung und durch Ausgaben für die Kinder und Jugendlichen ergeben (Rentenversicherung, Krankenversicherung, Arbeitslosenversicherung und Pflegeversicherung).

Es ist üblich, die Verpflichtungen der mittleren Generation gegenüber der älteren mit der Metapher vom „*Generationenvertrag*" zu umschreiben: Die mittlere Generation versorgt die ältere als Gegenleistung für die von ihr in der Kindheit und Jugend empfangenen Leistungen. Aber gibt es auch eine Verpflichtung der mittleren Generation, die darin besteht, genügend Kinder großzuziehen, und falls ja, wem gegenüber wäre die mittlere Generation diese Verpflichtung eingegangen? Diese Frage stellt sich z. B. in Deutschland in aller Schärfe, denn der Generationenvertrag zwischen der mittleren und der älteren Generation allein genügt offensichtlich nicht zur Gewährleistung des Systems der sozialen Sicherung: Wenn nicht genügend Kinder nachwachsen, gefährdet dies die demographische Basis für Unterstützungsleistungen für die mittlere Generation, wenn diese einmal selbst die Altersgrenze überschritten hat.

Wenn der Begriff „Generationenvertrag" einen Sinn haben soll, muß man sich darunter offensichtlich einen Vertrag zwischen *drei* Parteien bzw. Generationen vorstellen, nicht nur zwischen zwei. Von diesen drei Parteien sind zwei – die mittlere und die ältere Generation – ohne weiteres identifizierbar, aber sich die noch nicht Geborenen als die dritte Vertragspartei vorzustellen und ihr gegenüber eine Verpflichtung zum Geborenwerden abzuleiten, setzt ein Denken voraus, das über zwei oder drei Generationen weit hinausreicht und die Anerkennung einer Pflicht zur Bestandserhaltung der Bevölkerung bedeutet – eine Pflicht, die die Menschen in den Ländern mit schrumpfender Bevölkerung offenbar nicht anerkennen, sonst wäre die Fertilität dort nicht so niedrig, wie sie ist.

Nicht nur wegen der niedrigen Fertilität ist die immer wieder vorgeschlagene Erweiterung der Metapher vom Zwei-Generationenvertrag zum Drei-Generationenvertrag wenig überzeugend. Denn die mittlere Generation müßte aus *Eigeninteresse*, statt aus Pflicht einer imaginären, noch nicht geborenen Generation gegenüber – nämlich aus dem Interesse, im Alter versorgt zu sein –, für ein ausreichendes Fertilitätsniveau sorgen. Wenn dieses Eigeninteresse sich nicht in einem entsprechenden generativen Verhalten niederschlägt, läßt sich das erforderliche Fertilitätsniveau auch nicht durch Konstruktionen wie den Drei-Generationenvertrag sicherstellen. Nun sind die Menschen natürlich intelligent genug, diese einfachen Zusammenhänge einzusehen, und einen Streit in der Sache gibt es darüber auch gar nicht. Das Problem besteht „nur" darin, daß zu viele Menschen sich darauf verlassen, daß die für ihre eigene Versorgung im Alter notwendigen Kinder schon von anderen großgezogen werden. Dieses Problem des demographischen „Trittbrettfahrens" ist ein Beispiel für ein sehr allgemeines Problem menschlichen Verhaltens. Die entsprechenden Verhaltenstheorien werden mit den Methoden der mathematischen „Spieltheorie" analysiert. Eine „Lösung" zeichnet sich bisher nicht ab. Solange die Menschen in ihrem Verhalten nicht ein Mindestmaß an Solidarität gegenüber der Gesellschaft aufbringen, so lange wird dieses Problem nicht gelöst werden können, es sei denn, daß es vielleicht eines Tages aus egoistischen Gründen wieder interessant wird, Kinder großzuziehen. Diese Situation könnte eintreten, wenn die Menschen das Vertrauen in die sozialen Sicherungssysteme verlören, die ja eben dadurch gefährdet sind, daß die Fertilität zu niedrig ist.

Vor diesem pessimistisch stimmenden Hintergrund hebt sich die Antwort der Bevölkerungsmathematik auf die Frage nach der optimalen Bevölkerungsentwicklung in einer umso positiveren Weise ab: Aus rein demographischer Sicht optimal ist eine Fertilität, die das Zahlenverhältnis aus der älteren und der jüngeren Generation zur mittleren minimiert, und dies ist dann der Fall, wenn die Nettoreproduktionsrate nahe dem Wert eins bzw. knapp darüber liegt, wenn also rd. zwei Kinder pro Frau geboren werden (zum mathematischen Beweis siehe J. Bourgeois-Pichat 1959 bzw. mit einem anderen Ansatz H. Birg 1995b, S. 70 f.). In den Entwicklungsländern, in denen die Mortalität höher ist als in den Industrieländern, ist die optimale Fertilität größer, aber in dem Maße, in dem die Mortalität in diesen Ländern weiter abnimmt, verringert sich auch hier die optimale Fertilität in Richtung auf zwei Kinder pro Frau, mit der Konsequenz, daß die stationäre Bevölkerung die optimale Bevölkerung ist.

In entwickelten Ländern ist das Mortalitätsniveau heute schon so niedrig, daß zwei Kinder pro Frau ausreichen, damit die Bevölkerung stationär ist. In diesen Ländern könnte also eine Bevölkerung erreicht werden, die sogar nach *drei* Kriterien „optimal" wäre: Erstens ließen sich die Bevölkerungsprobleme wachsender oder schrumpfender Bevölkerungen vermeiden. Zweitens wären die demographisch bedingten Lasten der erwerbstätigen Bevölkerung so niedrig, wie sie überhaupt nur sein können. Es kommt aber noch ein drittes, sehr wichtiges Optimalitätskriterium hinzu: Untersuchungen, in denen die Bevölkerung nach der gewünschten Kinderzahl befragt wird, kommen immer wieder zu dem gleichen Ergebnis, daß zwei Kinder pro Frau als ideal gelten.

Wenn aber die stationäre Bevölkerung sowohl aus makrodemographischen bzw. objektiven Kriterien als auch auf Grund der subjektiven Idealvorstellungen der Menschen die optimale Bevölkerung darstellt, warum haben dann die meisten Länder wachsende oder schrumpfende und nicht stationäre Bevölkerungen? Die Antwort liegt in den in Kapitel 6 erläuterten sozio-ökonomischen und demo-ökonomischen Wechselwirkungen, auf die es zurückzuführen ist, daß die Menschen ihre Idealvorstellungen nicht verwirklichen bzw. nicht verwirklichen können. Im Ergebnis führen diese Systemwirkungen zu der in der Statistik sichtbaren globalen Abnahme der Fertilität. Aber die Fertilitätsabnahme hat nicht in jedem Land immer nur positive Auswirkungen, und die Systemzusammenhänge bieten keine Garantie dafür, daß die schließlich erreichte Fertilität das optimale Niveau weder über- noch unterschreitet.

Das Thema Weltbevölkerung fordert dazu heraus, die Frage der optimalen Bevölkerungsentwicklung auch in langfristiger, evolutionsbiologischer Perspektive zu durchdenken. Der Mensch ist das am höchsten entwickelte Wesen, wobei als Kriterium für „Höherentwicklung" das Ausmaß seiner Unabhängigkeit von den durch die Umwelt gesetzten natürlichen

Lebensbedingungen wie Nahrungsvorkommen, Witterung und geographische Situation gilt. Aus rein evolutionsbiologischer Sicht gibt es keine Garantie, daß die Entwicklung einer Spezies immer nur in eine Richtung nach oben führt. Auch beim Menschen konnte noch kein Mechanismus entdeckt werden, der eine Tendenz zur Höherentwicklung und zu immer größerer Vollkommenheit sicherstellt. Ob der Mensch die Natur in einer „nachhaltigen" Weise zu seinem Vorteil nutzen und die Umweltbedingungen in einer für seine Existenz notwendigen Form bewahren wird oder bewahren kann, ist nicht durch eine eingebaute systemimmanente Tendenz zur Stabilität des Systems Erde-Mensch gesichert oder vorprogrammiert. Das vorherrschende Kriterium der Evolution ist aus rein biologischer Sicht nicht das Gleichgewicht und die Harmonie, sondern die schöpferische Zerstörung. Im Verlauf der natürlichen Evolution sind viele Arten ausgestorben, sogar mehr als heute existieren, und zwar ohne Zutun des Menschen bzw. lange bevor sich die menschliche Spezies entwickelte. Daher ist die Forderung nach einer „nachhaltigen" Produktions- und Konsumweise der Volkswirtschaften nicht deshalb sinnvoll, weil die Natur nachhaltig ist – die Natur ist weder nachhaltig noch nicht nachhaltig, sondern zerstörerisch und schöpferisch –, sondern weil es vernünftig ist, zu bedenken, welche Folgen das menschliche Handeln hat oder haben könnte.

Die Existenz der menschlichen Kultur mag überwiegend oder ausschließlich evolutionsbiologische Ursachen haben, aber ob dies die Menschen zu einem den Bedingungen der „Nachhaltigkeit" entsprechenden Verhalten gegenüber den natürlichen Lebensbedingungen veranlaßt, hängt nicht von irgendwelchen vielleicht in der Natur verborgenen Selbstregulierungskräften ab, sondern ganz allein davon, was die Menschen wollen. Ob ihr Wille frei genug ist, das Vernünftige zu wollen und das Selbstzerstörerische zu vermeiden, ist nicht eine Frage der Natur, sondern der Kultur. Deshalb haben Theorien als Erkenntnisse der Wirklichkeit jenseits ihrer wissenschaftlichen Bedeutung i.e.S. einen allgemeinen, lebenserhaltenden Wert – vorausgesetzt, daß ihre diesbezügliche Tauglichkeit erwiesen ist.

In diesem Sinne ist die ökologisch gewendete malthusianische Bevölkerungstheorie nicht nur wissenschaftlich fragwürdig, sondern als Überlebensinstrument sogar kontraproduktiv und gefährlich. In Debatten über die begrenzte Tragfähigkeit der Erde wird heute häufig die Metapher vom „Rettungsboot" verwendet. Nicht alle, denen diese Metapher einleuchtet, machen sich klar, daß sie auf einer ökologisch gewendeten Form des malthusianischen „Bevölkerungsgesetzes" beruht. Ersetzt man in Malthus' „Bevölkerungsgesetz" die Unterschicht durch die Bevölkerung der Entwicklungsländer und die „Nahrungsschranke" durch die Schranke der ökologischen Tragfähigkeit, und setzt man voraus, daß sich die arme Bevölkerung der Entwicklungsländer durch internationale Hilfsmaßnahmen nur umso rascher vermehrt, so wie die Vermehrungsrate der Unterschichtbevölkerung in England nach Malthus durch die Armenunterstützung nur noch erhöht wurde, dann ist die skandalöse Schlußfolgerung in beiden Fällen gleich: Armenunterstützung bzw. Entwicklungshilfe müssen abgeschafft werden. Mehr noch: Helfen ist *unmoralisch*.

Es gibt eine internationale Denkschule, die diese Schlußfolgerungen propagiert (G. Hardin, M. King). Dabei wird die schockierende Aussage „Helfen ist unmoralisch" wie in Malthus' „Bevölkerungsgesetz" aus einer moralphilosophischen Argumentation abgeleitet. Hierzu dient die Metapher des Rettungsbootes. Die Welt wird mit einem untergehenden Schiff verglichen, dessen Passagiere nicht alle in Rettungsbooten Platz finden. Die Bevölkerung der Industrieländer verfügt über seetüchtige Rettungsboote, sie könnte überleben, aber die Bevölkerung der Entwicklungsländer begehrt Einlaß in die Boote, und würde er gewährt, könnte niemand überleben. Wie verhalten sich die Menschen in den Rettungsbooten aus ethischer Sicht richtig? Antwort der Rettungsboot-Ethik: Nach den Prinzipien der *Ethik* ist es geboten, die begehrte Hilfe zu *verweigern*. Grund: Wenn alle Hilfe gewährten, wäre das Boot (die Welt) voll von Menschen, die keine Skrupel haben, auf Kosten anderer zu überleben. Der moralische Zustand der Welt würde sich somit durch die Hilfe verschlechtern, also ist Helfen unmoralisch.

Wer diese inakzeptable Schlußfolgerung nicht teilt, muß die Rettungsboot-Metapher ablehnen. In der Tat stimmt die Rettungsboot-Metapher nicht, denn anders als bei der Situation eines untergehenden Schiffes, bei der es zu spät ist, die Rettungsboote zu vermehren, haben die Bewohner der realen Welt immer noch genügend Zeit, Vorsorge zu treffen, ja sie können die Katastrophe durchaus noch vermeiden. Die Rettungsboot-Ethik muß abgelehnt werden, weil die Metapher die Realität nicht zutreffend beschreibt und die moralische Konsequenz falsch ist.

In Malthus' Theorie ist die analoge Metapher das Bild von der „gedeckten Tafel der Natur", an der es angeblich nicht genügend Platz für alle gibt. Malthus leitete daraus eine Schlußfolgerung ab, die mit der Rettungsboot-Ethik identisch ist: „Ein Mensch, der in eine Welt hineingeboren wird, die schon voll besetzt ist, ein Mensch, der von seinen Eltern keinen Unterhalt bekommen kann, zu dem er eigentlich berechtigt ist, ein Mensch, dessen Arbeit zudem keinen Abnehmer findet, dieser Mensch hat *keinen Anspruch auf den kleinsten Anteil an Nahrung,* hat tatsächlich kein Recht, dort zu sein, wo er ist. An der mächtigen *Festtafel der Natur* ist kein Gedeck für ihn bereit. Die Natur sagt ihm, sich hinwegzuscheren und wird diesen Befehl schnell ausführen . . ." Das Zitat stammt aus der zweiten Auflage von Malthus' „Bevölkerungsgesetz" von 1803 (British Museum), Buch IV, Kapitel 6, S. 531; es wurde in den späteren Ausgaben weggelassen.

Heute lebt die sechsfache Menschenzahl als zu Malthus' Zeit, und die angeblich nicht allen Platz bietende „Festtafel der Natur" hat sich seitdem beträchtlich vergrößert. Sie wird auch in Zukunft immer mehr Menschen Nahrung geben. Obwohl sich die Zahl der Menschen seit 1950 mehr als verdoppelt hat und jährlich weiter um 80 bis 90 Mio. wächst, nahm die Zahl der Hungernden von 1974/76 bis 1988/90 von

976 Mio. auf 781 Mio. ab, und sie wird sich nach Berechnungen der UN bis zum Jahr 2000 weiter verringern, so daß der Anteil der Hungernden an der Weltbevölkerung von 1988/90 bis 2010 von 20 auf 11% sinkt (J. v. Braun, Konferenzbericht der Welthungerhilfe 1994).

Die Weltbevölkerungszahl wächst mit kleineren jährlichen Zuwachsraten als die Nahrungsproduktion, so daß die Pro-Kopf-Nahrungsmittelmenge zunimmt, und zwar auch in den Entwicklungsländern. In Afrika stagniert oder sinkt zwar die Pro-Kopf-Nahrungsmittelmenge, aber dies liegt nicht an der Erschöpfung der natürlichen Produktivität. Afrika könnte ein Vielfaches seiner Bevölkerung ernähren und Nahrungsmittel exportieren, wenn die natürlichen Ressourcen genutzt würden. Ernährungsexperten haben errechnet, daß man das Ernährungspotential der Erde um den Faktor 7 erhöhen könnte, wenn man die menschliche Ernährung auf Pflanzen umstellen würde, denn durch das Verfüttern der Pflanzen an Tiere zur Produktion von Eiweiß geht der größte Teil der pflanzlichen Nahrungsenergie verloren. Wenn Menschen hungern, beruht dies nicht auf der mangelnden Produktivkraft der Natur, sondern auf der Unfähigkeit der Menschen, die Produktivität der Natur besser zu nutzen und die Produkte sinnvoller zu verteilen. Da das Ernährungsproblem zumindest *prinzipiell* lösbar ist, kann man es nicht als das wichtigste Bevölkerungsproblem betrachten.

Analoges läßt sich in bezug auf das *Ressourcenproblem* sagen. Seit den aufrüttelnden Büchern des Club of Rome aus den 70er Jahren grassierte die Furcht vor einer Erschöpfung der Rohstoffe und natürlichen Hilfsquellen, darunter vor allem Erdöl. Rückblickend können wir heute feststellen, daß die bekannten Reserven aller wichtigen Rohstoffe, insbesondere des Erdöls, trotz des weltweiten Bevölkerungs- und Wirtschaftswachstums zugenommen haben, statt abzunehmen. Die Reserven an Energie in Form von Kohle reichen für Jahrhunderte, nicht gerechnet die Reserven in Form von Sonnenenergie, deren profitable Nutzung wahrscheinlich eine Frage der Zeit ist.

In den 70er Jahren übernahm das „*Umweltproblem*" die Rolle als das wichtigste Bevölkerungsproblem, und die auf dem Ernährungsproblem beruhende malthusianische Bevölkerungstheorie wandelte sich zur ökologischen Bevölkerungstheorie mit der Umwelt als limitierender Wachstumsschranke. Auch dieses Bevölkerungsproblem ist prinzipiell beherrschbar. Nach dem Vorbild der Kreisläufe in der Natur lassen sich die Produktionskreisläufe der Wirtschaft durch immer bessere Recyclingverfahren optimieren und die Belastung der Umwelt durch Schadstoffe minimieren. Aber umweltneutrale Produktionsverfahren sind teuer, und da die Entwicklungsländer nicht reich genug sind, um sich moderne Produktionstechniken leisten zu können, wird die weltweite Belastung der Umwelt im Zuge des Wachstums der Weltwirtschaft zunehmen. Aber es ist wichtig zu erkennen: Auch die Umweltprobleme sind *prinzipiell* lösbar. Dies setzt allerdings voraus, daß nicht weniger, sondern mehr moderne Technik eingesetzt wird.

Die größte Gefahr für die Umwelt und die Natur ist nicht ihre rationale, ökonomische Nutzung, sondern ihre Romantisierung und die gutgemeinte, aber sinnlose Naturtümelei. Um dies zu erkennen, muß man sich bewußt machen, daß der Begriff der Natur nicht etwas ist, was einfach aus der Natur übernommen werden kann, sondern durch einen Akt der *Kultur* geschaffen werden muß: „Jahrtausende lang bedeutete Kultur ein Verhältnis zur Symbiose von Mensch und Natur, in welcher Natur zugleich als Feind, als Spenderin und als Gegenstand pflegender Herrschaft des Menschen auftrat, weil eine Natur, die man zu Freundlicherem zügeln und zähmen kann, das Schönste ist, das es auf Erden gibt' (. . .), eine Geschichte des Menschen, die als bloße Geschichte der Naturbeherrschung verstanden wird, ist selbst bloße Naturgeschichte (. . .). Auch die gänzliche Zerstörung der Biosphäre auf diesem Planeten durch den Menschen kann als naturgeschichtliche Transformation verstanden werden (. . .). Eine Müllhalde ist – so gesehen – nicht unnatürlicher als eine Bergquelle (. . .). Der Trieb, der die vorgegebenen Strukturen der Natur auflöst, transformiert, und Natur auf ihre molekularen Elementarstrukturen reduziert, ist genauso natürlich, wie das, was er zerstört. Es liegt in ihm kein Herausgehen aus der Natur. Der vollendete Technizismus ist zugleich vollendeter Naturalismus" (R. Spaemann). Eine andere Art des Umgangs mit der Natur setzt einen ethischen Akt voraus: „Es gibt keine via schlichte biologische Selektion gestützte oder geförderte moralisch-ethische Instanz Menschheit und damit auch keine biologisch-stammesgeschichtlich fundierte generelle Menschlichkeit im Sinne der Maximen von universaler Brüderlichkeit und Gleichheit. Dies wären vielmehr *reine Kulturleistungen* (Hervorhebung d.V.), einer 'widerstrebenden Natur' mühsam abzutrotzen, und wir wissen aus bitteren Erfahrungen nur zu gut um den weitgehend utopischen Charakter dieses Ideals, das anzustreben wir gleichwohl nicht müde werden dürfen."

Die Weltgemeinschaft hätte – vorausgesetzt, es gäbe sie – die Macht, die wissenschaftlich-technischen Fähigkeiten und das ökonomische Potential, um die Erde unter größtmöglichstem Schutz der Natur in ein Paradies zu verwandeln. Daß dies nicht geschieht, liegt daran, daß es eine Weltgemeinschaft oder die Menschheit als Handlungssubjekt nicht gibt. Die zentralen menschlichen Handlungsakteure sind das Individuum, die Familie, die soziale Gruppe, der Stamm und allenfalls die Nation. Machtvolle supra- bzw. internationale Handlungssubjekte, die die Menschheit zur Lösung ihrer globalen Probleme benötigen würde, gilt es erst noch zu entwickeln. Wie sind die Aussichten, daß dies gelingt?

Daß so etwas wie eine Weltgemeinschaft außerhalb der Köpfe und Herzen von Träumern und Idealisten nicht existiert, besagt bereits, daß wir es trotz der naturwissenschaftlich-technischen Dimensionen der Umweltprobleme in erster Linie mit einem sozialen Problem zu tun haben, das somit durch Anstrengungen auf sozialem, gesellschaftlichem und politischem Gebiet – also letztlich auf dem Feld der Kultur – gelöst werden muß, damit es ökonomisch und technisch bewältigt werden kann. Erst aus dieser kulturellen Perspektive wird verstehbar, warum die globalen Umweltprobleme diese spezifische, allgemeine Bedrückung hervorrufen: Unser Wissen, daß sich diese die künftigen Generationen belastenden Probleme im Prinzip vermeiden oder technisch lösen ließen, läßt uns bewußt werden, daß unser Versagen kulturell bedingt ist.

Es ist leichter, ganze Volkswirtschaften ökonomisch und technisch auf umweltfreundliche Kreislaufwirtschaften umzurüsten, als eine kulturelle Veränderung zu bewirken, die den dafür nötigen Willen schafft. Die zu lösende Aufgabe besteht also primär darin, zunächst die kulturell bedingte Problemlösungs*fähigkeit* zu gewinnen, damit die Probleme real gelöst werden können. Wenn das Ernährungsproblem, das Ressourcenproblem und das Umweltproblem prinzipiell lösbar sind, könnte man versucht sein, die im Einführungskapitel aufgeworfene Frage, ob nicht letztlich *alle* sogenannten Bevölkerungsprobleme bei genauer Betrachtung politische Probleme sind, mit Ja zu beantworten. Aber dabei würde man übersehen, daß auch die politischen und die kulturellen Probleme reale Entstehungsursachen haben und nicht einfach vom Himmel fallen: Könnte es nicht sein, daß der Wandel der demographisch relevanten Verhaltensweisen der Individuen auf dem kaum überschaubaren, langen Umweg über seine Folgen für das gesamte Gesellschafts- und Wirtschaftssystem auf die ethischen Grundlagen des individuellen Handelns zurückwirkt und dadurch ethisch relevante und kulturelle Veränderungen hervorruft, von denen gerade auch die Politik berührt wird? Wenn man sich auf den Standpunkt stellt, daß alle Bevölkerungsprobleme letztlich politische Probleme sind, dann sind sie eben dadurch in erster Linie kulturelle Probleme. Das wichtigste Bevölkerungsproblem entstünde dann nicht aus der realen Bevölkerungsentwicklung durch Wachstum oder Schrumpfung, sondern es bestünde in der Art des kulturellen, intellektuellen Umgangs mit den durch die Bevölkerungsentwicklung aufgeworfenen Fragen, von denen die politischen Antworten erst provoziert werden, nicht umgekehrt.

Quellen und weiterführende Literatur

(1) Historische Demographie und Bevölkerungsgeschichte

Alison, A., *The Principles of Population, and their Connection with Human Happiness*, 2 Bde., Edinburgh, London 1840.

Carr-Saunders, A. M., *World Population: Past Growth and Present Trends*, Oxford 1936.

Chalmers, T., On Political Economy, in Connexion with the Moral State and Moral Prospects of Society. In: *Works*, Bd. 19 und 20, Glasgow 1852, 1854.

Durand, J. D., *Historical Estimates of World Population: An Evaluation.* In: Population and Development Review, New York 1976.

Freeman, R., u. Berelson, B., The Human Population. In *Scientific American*, vol. 231, 3/1974, S. 31–39.

Fucks, W., *Über die Zahl der Menschen, die bisher gelebt haben.* In: Zeitschrift für die gesamte Staatswissenschaft, Bd. 1, 1/1951, S. 440–450.

Imhof, A. E., *Lebenserwartungen in Deutschland vom 17. bis 19. Jahrhundert,* Acta humaniora, 1990.

Knodel, J., *The Decline of Fertility in Germany, 1871–1939,* Princeton 1974.

Pfister, Chr., *Bevölkerungsgeschichte und historische Demographie 1500–1800,* München 1994.

Polanyi, K., *The Great Transformation,* Frankfurt/M. 1978.

Lösch, A., *Was ist vom Geburtenrückgang zu halten?,* Heidenheim 1932.

Lösch, A., *Bevölkerungswellen und Wechsellagen,* Jena 1936.

(2) Quellen der klassischen Bevölkerungstheorie, Theoriegeschichte und moderne Theorieentwicklung

Birg, H., Differentielle Reproduktion aus der Sicht der biographischen Theorie der Fertilität. In: E. Voland (Hrsg.), *Fortpflanzung: Natur und Kultur im Wechselspiel,* Frankfurt/M. 1992, S. 189–215.

Birg, H., *Der Konflikt zwischen Spaceship Ethics und Lifeboat Ethics und die Verantwortung der Bevölkerungstheorie für die Humanökologie.* In: Deutsche Gesellschaft für die Vereinten Nationen (Hrsg.), Dokumentationen, Informationen, Meinungen, Nr. 40, Bonn 1991.

Birg, H., Flöthmann, E.-J., Reiter, I., *Biographische Theorie der demographischen Reproduktion,* Frankfurt/M./New York 1991.

Birg, H., Betrachtung über die demographischen Aspekte der Ethik und die ethischen Aspekte der Demographie. In: H. Thomas (Hrsg.), *Bevölkerung, Entwicklung, Umwelt,* Herford 1995a, S. 275–289.

Boulding, K. E., The Economics of the Coming Spaceship Earth. In: H. Jarett (Ed.), *Environmental Quality in a Growing Economy*, Baltimore 1966.

Brentano, L., *Die Malthussche Lehre und die Bevölkerungsbewegung der letzten Dezennien*, Königlich Bayerische Akademie der Wissenschaften, Bd. 24, 3. Abteilung, München 1909.

Chesnais, J.-C., *The Demographic Transition – Stages, Patterns and Economic Implications*, Oxford 1992.

Darwin, Ch., *The Autobiography of Charles Darwin*, Herausgegeben von N. Barlow, London 1958.

Darwin, Ch., *Die Entstehung der Arten*, Leipzig 1990.

Davis, K., *The World's Demographic Transition*. In: Annals of the American Academy of Political and Social Sciences, No. 273/1945, pp. 1–11.

Dupâquier, J., Fauve-Chamoux, A., Grebenik, E. (Eds.), *Malthus Past and Present*, Academic Press, London/New York 1983.

Hardin, G., *The Tragedy of the Commons*. In: Science, Vol. 162, 1968, pp. 1243–1248.

Hardin, G., *Living on a Lifeboat*. In: BioScience, No. 24, 1974, pp. 561–568.

Keyfitz, N., Toward a Theory of Population – Development Interaction. In: K. Davis; M. S. Bernstam (Eds.): *Resources, Environment, and Population: Present Knowledge, Future Options*, New York/Oxford 1991.

King, M., *Health is a Sustainable State*. In: The Lancet, Sept. 15, 1990, pp. 664–667.

King, M., *Population Growth, Entrapment and the Sustainability of Health*. In: Deutsches Institut für ärztliche Mission (Hrsg.), The Consequences of Population Growth for Health Care Programmes, Tübingen 1993, pp. 7–12.

Kingsley, D. (Ed.), *Below Replacement Fertility in Industrial Societies*, Population Council, New York 1987.

Landry, A., *La révolution démographique*, Paris 1934.

Landry, A., *Traité de démographie*, Paris 1945.

Leete, R., Alam, I. (Eds.), *The Revolution in Asian Fertility*, Oxford 1993.

Mackenroth, G., *Bevölkerungslehre – Theorie, Soziologie und Statistik der Bevölkerung*, Berlin 1953.

Malthus, Th. R., *An Essay on the Principle of Population, as it Affects the Future Improvement of Society with Remarks on the Speculations of Mr. Godwin, M. Condorcet and Other Writers*, London 1798, Reprint: Harmondsworth 1970. Deutsche Übersetzung v. Chr. M. Barth: Das Bevölkerungsgesetz, München 1977.

Malthus, Th. R., *An Essay on the Principle of Population*, London 1803.

Malthus, Th. R., *Versuch über die Bedingungen und Folgen der Volks-vermehrung* [The Principle of Population], London 1803. Übersetzung von F. H. Hegewisch, Altona 1807.

Oppenheimer, F., *Das Bevölkerungsgesetz des Th. R. Malthus und der neueren Nationalökonomie*, Berlin/Bern 1901.

Sadler, M.T., *The Law of Population: A Treatise in Six Books, in Disproof of the Superfecundity of Human Beings, and Developing the Real Principle of Their Increase*, London 1830. In: Ch. Sugiyama, A. Pyle (Eds.): Reprint, London 1994.

Senior, N. W., *Two Lectures on Population*, London 1828.

Simon, J., *The Ultimate Resource*, Oxford 1981.

Sombart, W., *Vom Menschen*, Berlin 1938.

Süssmilch, J. P., *Die Göttliche Ordnung in den Veränderungen des menschlichen Geschlechts, aus der Geburt, Tod und Fortpflanzung desselben erwiesen*, Erste Ausgabe: Berlin 1741, Erweiterte Ausgabe: Berlin 1765.

United Nations (Ed.), *The Determinants and Consequences of Population Trends*, Vol. 1, New York 1973.

Wolf, J., *Der Geburtenrückgang. Die Rationalisierung des Sexuallebens in unserer Zeit*, Jena 1912.

(3) Bevölkerungsprojektionen der UN und der internationalen demographischen Forschungsinstitute, Bevölkerungsstatistik und formale Demographie

Birg, H., *World Population Projections for the 21st Century – Theoretical Interpretations and Quantitative Simulations*, Frankfurt/M./New York 1995b.

Bos, E. et al., *World Population Projections, 1994–95 Edition*, Baltimore/London 1994.

Bourgeois-Pichat, J., Charges de la population active. In: *Journal de la Société de Statistique de Paris*, 3/4, 1959, S. 94f.

Caldwell, J. C., The Asian Fertility Revolution: Its Impacts for Transition Theories. In: R. Leete, I. Alam (Eds.), *The Revolution in Asian Fertility*, Oxford 1993.

Feichtinger, G., *Demographische Analyse und populationsdynamische Modelle*, Wien/New York 1979.

Frejka, T., Long-Range Global Population Projections: Lessons Learned. In: W. Lutz (Ed.), *The Future Population of the World – What Can we Assume Today?*, London 1994.

Johnson, S. P., *World Population – Turning the Tide. Three Decades of Progress*, London/Dordrecht/Boston 1994.

Lutz, W. (Ed.), *Future Demographic Trends in Europe and North America*, Laxenburg 1991.

Lutz, W. (Ed.), *The Future Population of the World – What Can we Assume Today?*, London 1994.

Robey, B. et al., *The Reproductive Revolution: New Survey Findings*. In: Johns Hopkins University Population Program, Population Reports, Series M, No. 11, Baltimore Oct. 1992.

Robey, B. et al., *Familienplanung in Entwicklungsländern*. In: Spektrum der Wissenschaft, 2/1994.

United Nations (Ed.), *The Future Growth of World Population*, New York 1958.

United Nations (Ed.), *Long-range World Population Projections – Two Centuries of World Population Growth 1950–2150*, New York 1992.

United Nations (Ed.), *World Population Prospects – The 1994 Revision*, New York 1995.

United Nations (Ed.), *World Urbanization Prospects – The 1994 Revision*, New York 1995.

Weltbank (Ed.), *World Population Projections, 1994–95 Edition*, Baltimore/London 1994.

(4) Allgemeine Überblicksdarstellungen und interdisziplinäre Querbezüge

Bähr, J., *Bevölkerungsgeographie,* Stuttgart 1992

Birg, H., *Die Eigendynamik des Weltbevölkerungswachstums*. In: Spektrum der Wissenschaft, 9/1994, S. 38–46.

Birg, H., *Die demographische Zeitenwende*. In: Spektrum der Wissenschaft, 1/1989, S. 40–48.

Cavalli-Sforza, L. u. F., *Verschieden und doch gleich*, München 1994.

Club of Rome (Ed.), *Die erste globale Revolution*, Frankfurt/M. 1993.

Deevey, E., S. Jr., *The Human Population*. In: Scientific American, 9/1960, pp. 195–204.

Deutsches Institut für Fernstudien (Hrsg.), *Humanökologie – Weltbevölkerung, Ernährung, Umwelt*, Weinheim/Basel 1992.

Ehrlich, P. R., Ehrlich, A. E., Holdren, J. P., *Ecoscience: Population, Resources, Environment*, San Francisco 1977.

Fritsch, B., From Limits to Growth to the Growth of Limits. In: H. Birg, B. Fritsch, V. Hösle (Eds.), *Population, Environment and Sustainable Livelihood*. Materialien des Instituts für Bevölkerungsforschung und Sozialpolitik der Universität Bielefeld, Bd. 37, 1995.

Hayflick, L., Biological Aspects of Aging. In: S. Preston (Ed.), *Biological and Social Aspects of Mortality and Length of Life*, Liege 1982.

Hösle, V., Moral Ends and Means of World Population Policy. In: H. Birg, B. Fritsch, V. Hösle (Eds.), *Population, Environment and Sustainable Livelihood*. Materialien des Instituts für Bevölkerungsforschung und Sozialpolitik der Universität Bielefeld, Bd. 37, 1995.

Jonas, H., *Das Prinzip Verantwortung*, Frankfurt/M. 1984.

Jonas, H., *Technik, Medizin und Ethik*, Frankfurt/M. 1987.

Leisinger, K., *Hoffnung als Prinzip*, Basel/Berlin 1993.

Mayr, E., *Die Entwicklung der biologischen Gedankenwelt*, Heidelberg/New York 1984.

Meadows, D. L., Zahn, E., Milling, P., *Die Grenzen des Wachstums. Bericht des Club of Rome zur Lage der Menschheit*, Hamburg 1973.

Meadows, D. L., Randers, J., *Die neuen Grenzen des Wachstums*, Stuttgart 1992.

Meadows, D. L., Meadows, D. H., Randers, J., *Beyond the Limits*, Post Mills 1992.

Münz, R., Ulrich, R., Zu viele Menschen? In: Deutsche Stiftung Weltbevölkerung (Hrsg.), *Weil es uns angeht – Das Wachstum der Weltbevölkerung und die Deutschen*, Hannover 1995.

Preston, S. H. (Ed.), *Biological and Social Aspects of Mortality and Length of Life*, Liege 1982.

Schiefenhövel, W. et. al., *Vom Affen zum Halbgott*, Stuttgart 1994.

Schmid, J., *Bevölkerung und soziale Entwicklung*, Boppard 1984.

Sieferle, R.P., *Bevölkerungswachstum und Naturhaushalt*, Frankfurt/M. 1990.

Vogel, Chr., Populationsdichte-Regulation und individuelle Reproduktionsstrategien in evolutionsbiologischer Sicht. In: O. Kraus (Ed.), *Regulation, Manipulation und Explosion der Bevölkerungsdichte*, Göttingen 1986.

Voland, E. (Hrsg.), *Fortpflanzung: Natur und Kultur im Wechselspiel*, Frankfurt/M. 1992.

Voland, E., *Kalkül der Elternliebe – ein soziobiologischer Musterfall*. In: Spektrum der Wissenschaft, 6/1995, S.70–77.

White, R. M., *Die große Klima-Debatte*. In: Spektrum der Wissenschaft, 9/1990.

(5) Auswirkungen der Bevölkerungsentwicklung auf Gesellschaft, Wirtschaft, Umwelt und Ernährung

Birg, H., Demographische Wirkungen politischen Handelns. In: H.-U. Klose (Hrsg.), *Bevölkerungsentwicklung und dynamische Wirtschaft*, Opladen 1993.

Birg, H., Flöthmann, E.-J., Bevölkerungsprojektionen für das vereinigte Deutschland bis zum Jahr 2100. In: Deutscher Bundestag (Hrsg.), *Studienbericht der Enquete-Kommission „Schutz der Erdatmosphäre"*, Bd.3, Teilband 2, Bonn 1995c.

Birg, H., Flöthmann, E.-J., Entwicklung der Familienstrukturen und ihre Auswirkungen auf die Belastungs- bzw. Transferquotienten zwischen den Generationen. In: Deutscher Bundestag (Hrsg.), *Studienprogramm der Enquete-Kommission „Demographischer Wandel"*, Herausforderungen unserer älter werdenden Gesellschaft an den einzelnen und die Politik, Bd. 1, Bonn 1996.

Bongaarts, J., *Genug Nahrung für zehn Milliarden Menschen?*, In: Spektrum der Wissenschaft, 5/1994.

Braun, J.v., Die langfristige Herausforderung der Ernährungssicherung. In: Deutsche Welthungerhilfe (Hrsg.), *Weltbevölkerung und Welternährung*, Bonn 1994.

Bundesinstitut für Bevölkerungsforschung (Hrsg.), *Internationale Konferenz 1994 über Bevölkerung und Entwicklung*, Sonderheft 26, Wiesbaden 1994.

Dasgupta, P. S., *Bevölkerungswachstum und Umwelt*. In: Spektrum der Wissenschaft, 7/1995.

Deutscher Bundestag (Hrsg.), *Zwischenbericht der Enquete-Kommission „Demographischer Wandel"*, Bonn 1994.

Deutscher Bundestag, Enquete-Kommission „Schutz der Erdatmosphäre" (Hrsg.), *Schutz der Erde*, Bd. 1 und 2, Bonn 1990.

Fritsch, B., *Mensch, Umwelt, Wissen*, Zürich 1994.

Hauser, J. A., *Bevölkerungs- und Umweltprobleme der Dritten Welt*, Stuttgart 1990.

Landis, F. et. al., Population, Number of Households, and Global Warming. In: *Popnet*, No. 27, Laxenburg 1995.

Notestein, F. W., Population: The Long View. In: E. Schultz (Ed.), *Food for the World*, Chicago 1945, 36–57.

Repetto, R., *Die Entwaldung der Tropen: ein ökonomischer Fehlschlag*. In: Spektrum der Wissenschaft, 6/1990.

Spektrum der Wissenschaft (Hrsg.), *Dossier: Dritte Welt*, Heidelberg 1996.

Weizsäcker, U. v., *Erdpolitik*, Darmstadt 1989.

Weizsäcker, U. v., Lovins, A., Lovins, H., *Faktor 4*, München 1995.

Wouter van Dieren (Hrsg.), *Mit der Natur rechnen – Der neue Club-of-Rome-Bericht: Vom Bruttosozialprodukt zum Ökosozialprodukt*, Basel 1995.

Personenregister